VII

Collection de textes relatifs
au droit et aux Institutions de la
Bourgogne par une Société de
professeurs et d'anciens élèves
de la Faculté de droit de
l'université de Dijon.

La Compilation de Bouhier
et les coutumiers bourguignons
du XIVᵉ siècle
Le Coutumier bourguignon
montpellier
(manuscrit H. 386)
par Ernest Champeaux

Paris   Dijon
Picard libr. ed.   nourry libr. ed.

1907.

LA
COMPILATION DE BOUHIER

ET LES

COUTUMIERS BOURGUIGNONS DU XIVᵉ SIÈCLE

L'illustre président Bouhier avait parfois des idées malheureuses. Ne s'avisa-t-il pas, dans l'intention de faire connaître à ses contemporains le droit ancien de la Bourgogne, de fondre en une seule série d'articles quatre coutumiers différents de texte et de date et de présenter au public une sorte de code méthodique, rédigé par titres et numéroté par paragraphes, sans se douter qu'un tel déguisement n'habillait point les anciens styles. De cet anachronisme le président n'était point conscient; il semblait même assez glorieux de son invention :

« Ce qu'il y a d'incommode, disait-il (1), en parlant des vieilles coutumes bourguignonnes, dans les compilations qui nous en restent, c'est que les articles n'y sont point rangés dans un ordre méthodique, ni de la même manière dans les unes, comme dans les autres. Ils sont pour la plupart disposez pêlemêle, et comme au hazard. Et c'est ce qui m'a fait abandonner le dessein que j'avais d'abord eu, de faire imprimer ces Recueils à la suite l'un de l'autre, suivant qu'ils sont dans les

---

(1) *Les coutumes du duché de Bourgogne*, avec les anciennes coutumes, tant générales, que locales, de la même province, non encore imprimées et les observations de M. Bouhier, Président à mortier honoraire au Parlement de Bourgogne, et de l'Académie Française. Dijon, chez Arnauld Jean-Baptiste Augé, MDCCXLII, t. Iᵉʳ, p. 107. Dans l'édition des *Œuvres de jurisprudence* de M. Bouhier, recueillies et mises en ordre par M. Joly de Bevy, Dijon, Frantin, MDCCLXXXVII, la compilation se trouve t. I, p. 133-180.

manuscrits. Car outre qu'on y aurait trouvé une infinité de répétitions désagréables, les lecteurs auroient été rebutez par la confusion insuportable des différentes dispositions, qui y sont renfermées ».

L'on ne pouvait mieux dire pour le public du xviiiᵉ siècle ; et vraiment, nous aurions mauvaise grâce d'accabler de nos reproches l'érudit président. De son temps la raison, l'ordre clair étaient à la mode. Dans chaque province tout homme instruit rêvait de faire de sa coutume une construction logique et bien ordonnée à la Domat. L'on était fatigué des règles traditionnelles confuses et n'ayant point de plan. On les étouffait méthodiquement avec les théories du droit commun : que ce droit commun fût celui de Paris comme le prétendaient les jurisconsultes du centre, ou fût simplement le droit romain selon l'opinion de Bouhier (1). Ce dernier ne fit donc que suivre le penchant de tous les esprits de son époque en fabriquant une sorte de droit commun de l'ancienne Bourgogne, et en transposant dans le passé l'unité et la simplicité de législation qu'il rêvait pour le présent.

De telles conceptions sont mortes de nos jours ; tellement mortes qu'elles nous semblent étranges. Depuis la rédaction du Code civil et les travaux du xixᵉ siècle, l'histoire a repris ses droits. Il en est résulté, qu'en même temps que repénétrait dans les cerveaux le sens des évolutions disparates et des formations locales du droit l'on s'est pris à maudire la « fatale pensée » (2) de Bouhier et à lui réprocher non seulement l'idée bizarre qu'il avait eue de rassembler dans son code des dispositions de date diverse et appartenant à des conceptions successives ; mais encore à lui imputer la perte des manuscrits qu'il avait consultés.

Le savant érudit, Joseph Garnier, dans son introduction aux chartes de l'ancienne Bourgogne (3), met fort bien en relief la première critique lorsqu'il étudie les mainmortables, et prouve

(1) T. Iᵉʳ, p. 175 et s. Sur ces points Esmein, *Cours élémentaire d'hist. du dr. fr.*, 4ᵉ éd., p. 718.

(2) Giraud, p. 294 dans l'article cité plus loin.

(3) *Introduction aux Chartes d'affranchissement de la Bourgogne*, p. 41, note 3. L'Académie des sciences, arts et belles-lettres de Dijon m'a fait l'honneur de me confier le soin d'achever les derniers chapitres de cet important ouvrage qui paraîtra incessamment.

en même temps, par son exemple, qu'on l'appliquait souvent à tort. « En amalgamant, dit-il, pour former un Code de 33 chapitres et 403 articles, les quatre manuscrits de provenance diverse des anciens styles de la coutume qu'il avait à sa disposition, le président Bouhier ne s'est point préoccupé de la question de savoir s'ils étaient tous contemporains. Aussi, dans son titre XII, consacré aux hommes de condition servile, est-on étonné de trouver à la suite les uns des autres trois paragraphes sur le désaveu, qui se contredisent de la plus étrange façon. Le § CXVI donne aux serfs de corps et de poursuite la faculté de désavouer leur seigneur; le § CXIX la refuse aux serfs servages et le suivant l'accorde à tous les serfs de corps. Le président, auquel cette contradiction n'a point échappé, essaie bien de concilier ces trois opinions; mais ses raisons, basées sur la co-existence de trois classes de serfs à la même époque sont peu concluantes (Voir *Commentaires*, II, 748). Il est certain que de ces manuscrits, les plus anciens avaient conservé la trace du régime des serfs avant l'introduction définitive de la main-morte et les plus récents, les adoucissements qu'elle y avait introduits ».

Dans l'espèce, le reproche était injuste, puisque Bouhier, comme nous pourrons le constater plus tard, a tiré ses trois articles CXVI, CXIX et CXX d'un même manuscrit et les a transportés tels quels dans sa compilation (1). Mais il montre bien l'attitude défiante, et du reste légitimement défiante, de la critique vis-à-vis du texte sur lequel pesait toujours le jugement sévère porté par Charles Giraud lors de sa publication des « coustumes et stilles gardées au duchié de Bourgogne » (2).

Selon lui, Bouhier avait fait « une compilation bizarre, apocryphe dans sa forme, tronquée dans une foule de ses parties, et composée de fragmens réunis en un ordre tellement arbitraire

---

(1) Sauf une interpolation importante au § CXX. La compilation indique : « Par la coustume, nulz ne est serfs *de corps* en Bourgogne, que quant il lui plaist qu'il ne puisse désavouer son seigneur ». Le manuscrit original ne comprend pas le mot « de corps » qui a été ajouté par Bouhier.

(2) Dans la *Revue de législation et de jurisprudence* (Revue Wolowski), 18e vol., p. 292 et suiv., 1843. Les « coutumes et stilles » furent reproduits par Giraud avec des corrections dans son *Essai sur l'histoire du droit français au Moyen âge*. Paris, 1846, t. II, p. 268 à 328.

qu'on n'y reconnaît plus le caractère original de ces ouvrages. Ces coutumiers, ajoutait-il, devaient se rencontrer dans leurs formules en certaines matières ; mais chacun d'eux avait des traits particuliers qu'il eut été bon de conserver ».

L'embarras était grand : d'un côté il était imprudent de s'engager dans une étude de l'histoire du droit en Bourgogne et d'essayer de construire avec des matériaux aussi peu sûrs ; d'un autre côté, on se heurtait à l'impossibilité de renoncer complètement à un recueil contenant sur des institutions très importantes comme les tutelles, la bâtardise, les gardes, les droits du duc, les mainmortables, les saisies, les usuriers, les confiscations, etc., etc., nombre d'indications juridiques précises qu'il eût été difficile de trouver ailleurs(1).

Le plus simple eût été de rechercher les manuscrits employés par Bouhier. On ne le tentait pas, découragé, que l'on était par la pensée que « l'idée malencontreuse » de Bouhier avait eu pour résultat la perte des manuscrits. Considérés comme inutiles désormais puisque leur contenu était imprimé, ils s'étaient perdus et détruits. La Rédaction de Bouhier aurait opéré sur les derniers manuscrits survivant au xviiie siècle le même effet que la rédaction de Philippe le Bon de 1459 sur leurs prédécesseurs : devenus hors d'usage ils auraient disparu (2).

Cependant de ce reproche bien hasardeux le peu de fonds était démontré par la découverte faite par Giraud vers 1843 d'un des manuscrits de Bouhier dans la bibliothèque municipale de Dijon(3). Mais rien ne prévaut contre un parti-pris : cette découverte au lieu d'amener une absolution de Bouhier, avait été au contraire l'occasion d'un réquisitoire de Giraud qui, comparant le texte original avec celui de la compilation, accusait le président non seulement d'avoir mutilé les documents et de les avoir tronqués, mais encore d'en avoir réuni les débris par des compléments de composition toute moderne. Enfin au lieu d'encourager de nouvelles recherches, elle les avait plutôt entra-

<hr>

(1) En fait, on s'en servait fréquemment, et parfois en négligeant de prévenir le lecteur de la nature spéciale du document que l'on citait.

(2) Marnier, *Rev. hist. de dr. fr.*, t. III, p. 525. Glasson, *loc. cit.*, IV, p. 55.

(3) C'est le ms. 293 (A. F. 216). Sur les deux publications qu'en fit Ch. Giraud, V. *suprà*, p. 3, note 2.

vées : Était-il croyable que d'autres manuscrits eussent pu échapper à l'attention d'un homme aussi informé que Charles Giraud et qui avait étudié spécialement la question ? Par ses fonctions et ses travaux, Charles Giraud était à même de faire des investigations sérieuses dans les bibliothèques publiques, et, à s'en tenir à une note de son article de la *Revue de législation et de jurisprudence*, il semblait les avoir faites en vain.

Tel est l'état actuel de la question. La compilation tout entière de Bouhier bien que toujours considérée comme très importante et d'une « utilité réelle » n'en reste pas moins frappée de discrédit aux yeux des savants scrupuleux puisqu'ils ignorent la date de ses différents morceaux et les soupçonnent d'interpolations fâcheuses (1). Bouhier, nouveau Tribonien des coutumes de Bourgogne, est accusé comme son fameux prédécesseur d'être cause de la disparition des documents originaux.

Notre étude a pour but en premier lieu de démontrer que nous avons retrouvé tous les manuscrits qu'a utilisés Bouhier et même quelques-uns qu'il n'a pas connus. Cette démonstration établie, nous ferons une analyse sommaire de ces manuscrits, ce qui nous amènera à en déterminer, approximativement sans doute, mais néanmoins d'une manière assez précise, la filiation et la date ; en troisième lieu nous publierons un tableau donnant les sources de chacun des articles de la compilation de Bouhier.

Ce dernier travail n'est pas rendu inutile quoi qu'on en puisse penser, au premier abord, par la découverte des documents originaux, il présente un triple intérêt :

D'abord, il nous renseignera sur des méthodes employées par Bouhier et sur la façon dont les publications de textes étaient comprises à son époque. Nous pourrons porter sur elles un jugement plus autorisé que celui de Giraud, puisque nous aurons en main tous les éléments d'appréciation.

Ensuite il transformera en un instrument de recherches d'un

(1) M. Marcel Canat parle de ces coutumes « qui n'ont... point de date et ne renferment que peu de renseignements propres à mettre sur la voie de leur ancienneté. Ce ne sont que des copies altérées et chargées de fâcheuses interpolations ». *Documents inédits pour servir à l'Histoire de Bourgogne*, t. I. Chalon-sur-Saône, 1863 ; Introd., p. xvii.

emploi commode « l'exposition méthodique quoiqu'incomplète, du vieux droit civil de la Bourgogne » (1), faite par le président. Nous ne pourrons plus nous défier de l'authenticité du texte puisqu'il nous sera facile de vérifier en peu de temps cette authenticité. Ajoutons que si l'on considère que tous ces coutumiers sont du xive siècle, puisque le manuscrit qui nous paraît le plus récent est de 1402, et que, suivant Giraud (2) « nous connaissons mieux peut-être l'état du droit coutumier au xiiie siècle que sa situation au xive, malgré le livre de Boutellier », l'utilité du travail paraîtra encore plus considérable.

En dernier lieu, nous ne pouvons négliger la circoustance que Bouhier dans son important commentaire sur les coutumes de Bourgogne, qui dépasse souvent la sphère d'une étude purement locale, a fait souvent usage de la compilation des anciennes coutumes qu'il avait publiées. Le tableau indiqué nous mettra en situation de juger de la valeur des arguments du Président (3).

Mais précisément pour rendre ce contrôle possible, il nous faut publier les textes des manuscrits nécessaires à connaître. Pour amorcer cette publication nous donnerons à la fin de notre étude le texte du plus ancien coutumier bourguignon du xive siècle que nous possédons.

Ceci dit démontrons de suite que les manuscrits de Bouhier sont retrouvés.

I

Dans l'intention d'élucider ce point obscur de l'histoire du droit de la Bourgogne je commençai l'étude de la compilation de Bouhier en la comparant minutieusement avec le texte du coutumier publié par Giraud. J'y étais incité par une réflexion de M. Glasson qui dans son histoire du droit et des institutions de la France (4), disait qu'il semble « qu'en composant son œuvre

(1) Giraud, article cité, p. 295.

(2) *Loc. cit.*, p. 299. Le jugement de Giraud a perdu à notre époque une partie de son exactitude.

(3) On pourra voir un bon exemple de la façon dont le jugement sur l'interprétation de Bouhier dépend de la connaissance de sa compilation dans le texte de Garnier cité plus haut, p. 3.

(4) Glasson, *Histoire du droit et des institutions de la France*, 1891, IV, p. 55.

le président Bouhier ait surtout suivi le texte du coutumier qui avait obtenu le plus de succès » : coutumier qui n'était autre, suivant M. Glasson, que celui qu'avait retrouvé Giraud.

Ce travail de comparaison, cette tentative de filtrage, ne me donna que des résultats assez vagues. Si certaines dispositions de la compilation de Bouhier étaient totalement calquées sur celles du coutumier de Giraud, d'autres n'en contenaient qu'une ou deux phrases; d'autres enfin réunissaient des fragments de paragraphes différents.

Toutefois, prélèvement fait de tous les articles et même de toutes les portions d'articles que l'on pouvait attribuer au recueil de Giraud, restaient de très nombreux passages qui évidemment n'en venaient pas. Parmi eux, certaines dispositions se révélaient comme manifestement empruntées à des écrits méthodiques de commentateurs. Je puis citer, par exemple, celles sur les gardes, sauvegardes et asseurements du titre VII, § XXXV et s. : « Les gardes du prince, des unes sont generaulx, et autres espéciaux ; les unes sont signifiées, les autres non »; ou celles qui ont trait aux hommes taillables, serfs et mainmortables du titre XII, § CXIV et s. : « Des personnes mainmortables, les unes sont de simple mainmorte; les autres sont serfs de leur corps, et de poursuite ; les autres sont serfs de formariage; les autres sont serfs servages » etc., etc.

De pareilles divisions sont des préambules de traités et non pas des articles de coutumiers, ramassés au hasard des sentences des tribunaux.

En outre, un certain nombre d'articles semblaient une simple traduction, en français de la fin du XIVe siècle, des *consuetudines ducatus* ou le développement des « coutumes anciennes » publiées par Bouhier. C'était tout ce que me donnait la confrontation des deux ouvrages. Le résultat était maigre : on pouvait dire que dans les trois manuscrits restés inconnus, il y en avait un ou plusieurs contenant de petits traités sur les gardes et sur les mainmortables et une sorte de traduction ou un commentaire des *consuetudines ducatus*.

Il fallait donc chercher ailleurs et tâcher de retrouver au moins deux des manuscrits de Bouhier pour pouvoir dresser avec certitude le tableau des sources de la compilation. Mais où diriger ces recherches? Des indications étaient données, les unes par Bouhier lui-même, d'autres par Giraud.

Bouhier dans sa préface aux anciennes coutumes, nous explique la genèse de son travail de la façon suivante :

« Je n'avois alors (1), dit-il, que deux manuscrits de nos anciennes coutumes générales ; l'un à la vérité fort ancien, et bien conservé lequel appartenoit alors à feu M. de la Mare, conseiller en notre parlement, et que j'ai acquis depuis; mais l'autre beaucoup plus récent et très fautif, qui s'est trouvé dans ma famille, et qui paroit avoir été copié sur un autre plus ancien. J'aurois fort souhaité pouvoir découvrir en quelles mains cet original étoit alors, et ce qu'il est devenu. Mais mes recherches ont été sur cela inutiles.

« Depuis ce temps j'ai été assez heureux pour en recouvrer deux autres, qui ne sont pas moins bien conservez que le premier, et qui ne m'ont pas peu servi à corriger ce qu'il avoit de défectueux. L'un, qui est sur du velin, a été écrit, autant que j'en puis juger, vers le commencement du XIVe siècle; et l'autre qui est sur du papier, paroit avoir précédé de quelque temps la Rédaction de l'année 1459 ».

Comme dernier indice Bouhier signalait que dans les manuscrits « on trouve des pièces qui regardent les villes où ils étaient apparemment conservés; savoir, Dijon, Beaune, Charolles ».

Ainsi des coutumiers de Bouhier il y en avait deux sur velin et vraisemblablement deux sur papier. Celui de Giraud étant sur papier il fallait trouver les trois autres, ceux qui contenaient des pièces concernant Dijon, Beaune et Charolles.

Dans cette recherche, Giraud lui-même servait, jusqu'à un certain point, de guide. A la page 292, note 2 de l'article que nous avons précédemment cité il disait :

« Quelques manuscrits de ces coutumiers se trouvent encore aujourd'hui à la bibliothèque de l'école de médecine de Montpellier, qui, comme on sait, a recueilli une partie des richesses littéraires que possédait le président Bouhier; on y peut voir trois manuscrits des coutumes générales et particulières du

---

(1) Bouhier parle de l'année 1717 où il fit pour la première fois imprimer la coutume de Bourgogne et son commentaire.

duché de Bourgogne, dont deux sur papier in-8°, H. 383 et H. 386, et un sur velin in-fol., H. 393 (1). La bibliothèque publique de Troyes a recueilli aussi quelques parcelles (2) du cabinet du président Bouhier, mais le manuscrit des Coutumes de Bourgogne qu'elle possède est d'une époque plus moderne (Coutumes et ordonnances de Bourgogne, des ducs Philippe et Charles et du roi Louis XI. A. A. II. II) (3) que les coutumiers recueillis par Bouhier. J'en dirai autant du manuscrit de la bibliothèque de Beaune (Coutumes de Bourgogne, 4 vol. in-fol.) qui est plus moderne encore (4) ».

Ces indications de Giraud inexactes ou incomplètes, et qui ne lui étaient probablement parvenues que sur des notes de seconde main, fournissaient cependant un signalement précieux : celui des manuscrits de Montpellier et l'indication des bibliothèques où l'on pouvait trouver d'utiles renseignements. Il faut dire de suite pour faire comprendre comment les ouvrages du président pouvaient s'être trouvés dispersés de la sorte que l'histoire de la bibliothèque de Bouhier est une histoire pleine de péripéties.

La famille de Bouhier originaire d'Arras et qui s'était établie à Dijon en 1418 (5) était depuis cinq générations une fa-

(1) Les indications de Giraud sont inexactes : H. 383 contient un cartulaire de Dijon, H. 386, un cartulaire de Dijon suivi d'un des coutumiers édité par Bouhier ; tous deux sont sur velin. H. 393 au contraire est sur papier et contient les coutumes des duché et comté de Bourgogne.

(2) *Sic.* Le mot « quelques parcelles » est étrange quand on connait l'histoire de la bibliothèque de Bouhier.

(3) Le manuscrit de Troyes dont parle Giraud est le manuscrit n° 206 qui ne contient rien de relatif à nos coutumes. Giraud ne connaissait pas le manuscrit le plus important, à notre point de vue, le n° 204.

(4) Giraud parle d'un commentaire manuscrit de la Coutume de Bourgogne, datant du xvinº siècle et qui porte actuellement le n° 303 à cette bibliothèque. Giraud ignorait, comme on le voit, les autres manuscrits de Beaune si intéressants pour notre matière.

(5) D'après une note manuscrite qui se trouve en tête d'un livre d'heures de la Vierge, possédé en 1846 par M. Baudot. Je trouve ce renseignement à la Bibl. munic. de Dijon, manuscr. 786 (Ancien Fonds 466 *ter*), qui contient une lettre de M. Victor Dumay, maire de la ville de Dijon, adressée au bibliothécaire de la même ville et à laquelle nous empruntons les indications qui suivent puisées elles-mêmes en partie dans une brochure de M. Peignot, *Souvenirs relatifs à quelques bibliothèques particulières des temps passés* que nous n'avons pu nous procurer. Sur Bouhier consulter M. Léopold Delisle,

mille de parlementaires (1) et de bibliophiles dont l'illustre président continua brillamment la tradition. Sa bibliothèque eut une telle notoriété qu'en 1722 le Roi lui confia le privilège d'avoir un exemplaire de tous les livres sortis de l'imprimerie royale. Si bien que l'on put bientôt évaluer ses richesses à 35.000 volumes imprimés et à 2.000 manuscrits environ dont Bouhier mit trois ans à dresser lui-même le catalogue (2). A la mort de sa première femme Jeanne-Françoise Bourrée le 12 mai 1717, ainsi que du fils qu'il en avait eu, le président substitua sa collection à Marc-Antoine-Bernard-Claude Chartraire de Bourbonne, son petit-fils issu de Guillemette Bouhier sa fille, qui provenait elle-même du second mariage du président avec Claude-Marie Bouhier de Lantenay. Cette fille avait épousé le 8 janvier 1737 Jean-François-Gabriel-Benigne Chartraire, marquis de Bourbonne, président au parlement de Dijon.

Chartraire âgé de 8 ans lors du décès de Bouhier le 17 mars 1746 et qui mourut lui-même le 23 juill. 1781, légua les recueils et ouvrages manuscrits de droit de jurisprudence de son grand-père (3) au président Joly de Bevy son collègue et ami qui entreprit de les publier en plusieurs volumes in-folio. Trois volumes parurent en 1787, 1788, 1789; la Révolution interrompit la publication, et les manuscrits furent perdus.

« D'après le prospectus publié en 1786 (4) et contenant la table des chapitres, nous apprend M. Victor Dumay, cette seconde partie qui, du reste, était loin d'être achevée, se divisait en quarante livres. Elle devait former un répertoire uni-

<hr>

Le cabinet des ms à la Bibl. nat., t. II, pp. 266-279, et la bibliographie riche quoiqu'incomplète donnée par M. Ernest Petit. *Histoire des ducs de Bourgogne de la race capétienne*, t. I, p. 33, note 9, qui forme le 3ᵉ volume des *Mémoires de la société bourguignonne de géographie et d'histoire.* Un travail d'ensemble sur le président et sa bibliothèque serait encore bien utile.

(1) Depuis 1512 la famille des Bouhier avait donné au Parlement de Bourgogne une suite ininterrompue de magistrats. Joly de Bevy. Mémoire sur la vie et sur les œuvres de messire Jean Bouhier, *Œuvres de jurisprudence*, t. I, p. xvii.

(2) Joly de Bevy, *loc. cit.*, p. xxvii.

(3) Joly de Bevy, *Œuvres de jurisprudence*, de Bouhier, t. I, p. iv. En réalité il ne s'agissait que des œuvres manuscrites de Bouhier et non des autres manuscrits de sa bibliothèque.

(4) Et brièvement mentionné dans les *Œuvres de jurisprudence*, t. I, p. iii.

versel et métodique de jurisprudence embrassant l'organisa-
tion et les attributions des juridictions civile, criminelle et
ecclésiastique ; tout ce qui concerne les offices depuis le Chancelier jusqu'aux derniers agens de la justice ; la formation, la
diversité et l'effet des lois, les communautés et privilèges ecclé-
siastiques ; les ordres religieux, dans leur rapport avec la police et l'administration ; le domaine et les impôts ; la noblesse,
ses privilèges et tous les droits seigneuriaux ; les villes, les
corporations, les communautés et leur administration ; la police
et ses immenses détails, mœurs, sûreté, salubrité, embellisse-
ments ; enfin toutes les matières du droit civil, état des personnes, propriété, obligation, procédure, droit commercial,
instruction criminelle et législation pénale (1). »

« Quant aux autres manuscrits relatifs à la philosophie, à
l'histoire et à la littérature, et dont plusieurs avaient été copiés
par le président Bouhier lui-même, ainsi qu'aux livres imprimés, ils furent recueillis par le Comte d'Avaur de la maison de
Mesme, gendre et héritier de M. de Bourbonne qui les vendit
presque sur-le-champ à l'abbé de Clairvaux, M. de Rocourt,
moyennant 135.000 livres, prix bien inférieur à leur valeur
réelle portée à 300.000 francs par l'estimation qu'en avait
faite M. Frantin père, l'un des typographes les plus distingués
et les plus instruits de l'époque ».

C'était une perte immense pour la ville de Dijon et pour la
province (2). L'on reprocha avec raison aux états de Bourgogne de n'avoir pas su fixer chez eux un pareil trésor. Les religieux qui n'avaient pas encore fait construire leur bibliothèque
vendirent un certain nombre de livres et tableaux à Dijon et
empilèrent les imprimés « sur les dalles humides de salles
basses, ou plusieurs se détériorèrent et pourrirent ».

Arriva la Révolution suivie de la confiscation des biens des
ordres religieux. En vertu des articles 2 et 3, titre 3 de la loi
du 28 octobre, 5 novembre 1790 et d'un arrêté du conseil général de l'Aube du 13 décembre suivant, l'on transféra de
Clairvaux à Troyes, chef-lieu du département, les 40.000 livres
qui restaient. Ils constituent le fonds principal de la bibliothèque municipale actuelle.

(1) Je cite toujours Victor Dumay.
(2) Voir la note de Joly de Bevy, *OEuvres de jur.*, t. I, p. xxvii, note 1.

Ce ne fut pas tout : quelques-uns des ouvrages des plus curieux furent enlevés au profit de la Bibliothèque nationale par des commissaires, envoyés dans les départements à cet effet en 1804 (1). Chardon de la Rochette et Prunelle s'emparèrent de cinq cents manuscrits dont trois cent vingt furent dirigés sur la bibliothèque de l'école de médecine de Montpellier, la ville natale de l'un d'eux, je crois. La Bibliothèque nationale n'en recueillit que cent quatre-vingts. Un certain nombre s'égarèrent (2).

Et c'est de cette façon que se trouvait réalisé le souhait du Jésuite Claude Perry, professeur au collège de Dijon du temps du président :

> « Que jamais un facheux partage
> ne puisse diviser ce trésor précieux ».

Cette petite indication sur l'histoire de la bibliothèque de Bouhier n'est pas inutile, on va le voir, pour comprendre le sort des manuscrits de sa compilation qui en est en quelque sorte l'illustration.

A Troyes ou j'allais étudier certaines ordonnances des ducs de Bourgogne, outre le manuscrit 206 signalé par Giraud, je trouvai un autre manuscrit sur papier qui dans la bibliothèque de Bouhier portait la cote A, 61 (actuellement n° 204 de la bibliothèque de Troyes). Les pages 95 à 159 contenaient les « Coutumes et stilles gardes ou duchié de Bourgogne ». Cette copie d'un manuscrit distinct de celui publié par Giraud ne comprenait que les 176 premiers paragraphes du coutumier de Giraud. C'était vraisemblablement le second des manuscrits sur papier signalé par Bouhier (3). Ce qui faisait qu'avec le coutumier de Giraud nous avions les deux manuscrits sur papier. De plus, l'on était sur la trace de la reconstitution d'un des deux manuscrits en parchemin qui restaient à découvrir, car vis-à-vis des articles de la coutume Bouhier avait indiqué de sa fine écriture des références se rapportant à de « vieilles

(1) L'administration du département de l'Aube avait envoyé à la Bibliothèque nationale vingt-cinq volumes le 21 nivôse an VII. Delisle, *Cabinet des manuscrits*, t. II, p. 278.

(2) Delisle, *Cabinet des manuscrits*, t. II, p. 279.

(3) Voir p. 8.

coutumes en parchemin ». En prenant les numéros des pages de ces références et en les rétablissant dans leur ordre j'obtenais plus de cinquante articles (1) qui se répartissaient d'une page 84 à une page 176 et prouvaient l'existence d'un coutumier considérable.

Sur ces entrefaites mon savant collègue et ami M. Stouf, de la faculté des lettres de Dijon, auquel j'avais parlé du coutumier de Montpellier signalé par Giraud, l'ayant fait revenir pour le comparer au coutumier de Jean Vacheret qu'il avait publié dans la *Revue bourguignonne* (2), voulut bien me permettre d'en prendre immédiatement connaissance. Or, comme l'indiquait d'ailleurs le catalogue de Montpellier, ce coutumier sur velin qui était un des manuscrits de Bouhier, portait dans sa bibliothèque le n° F. 42 et un certain nombre des articles de la compilation en dérivaient évidemment. J'avais avec lui l'un des manuscrits sur velin ; et il fut facile de constater que ce coutumier sur velin n'était certainement pas celui que signalait le coutumier de Troyes sous le nom de « vieilles coutumes en parchemin », car les pages du manuscrit de Montpellier ne correspondaient pas aux indications du coutumier de Troyes. Un voyage à Beaune me donna la solution cherchée.

Le catalogue des manuscrits de la bibliothèque municipale de Beaune en signale deux : l'un sous le n° 25 (25 *bis*), l'autre sous le n° 24 (25).

Le premier admirablement conservé qui contenait des « coustumes et stiles gardez ou duchié de Bourgoingne » et qui reproduisait en partie un texte identique à celui du coutumier de Giraud, n'avait pas appartenu à Bouhier. Le second n'était pas disponible au moment où je le réclamai, mais l'obligeant bibliothécaire de Beaune, M. Berrod, voyant que je m'intéressais aux chartes anciennes de Beaune m'en apporta un autre en papier qui n'était pas signalé dans le catalogue général des manuscrits dressé pourtant à Beaune par un homme très compétent, M. A. Molinier (3).

(1) Exactement 55.

(2) L. Stouf, *Un Recueil de jurisprudence et de coutumes bourguignonnes du xiv⁰ siècle, Revue bourguignonne*, publiée par l'Université de Dijon, t. XIV, n° 2 (1904), p. 1-26 ; un tirage à part a été donné. Paris, Larose, 1905, 26 pages.

(3) Ce manuscrit pas plus que celui dont nous parlons plus loin ne se

Ce manuscrit sur papier était, comme l'indiquait une note placée sur la feuille de garde, la transcription d'un manuscrit donné par le sénateur Monge contenant les chartes des privilèges, droits et franchises de la ville de Beaune..... provenant de la bibliothèque de M. le président Bouhier. Cette transcription avait été faite par M. Henry Gelicot, receveur des hospices civils de Beaune. C'était la copie des coutumes de parchemin que je recherchais; comme cela me fut prouvé les jours suivants quand le manuscrit sur parchemin nᵒ 24 étant devenu disponible, je vis qu'il était l'original copié par Gelicot : original qui avait appartenu au président Bouhier dans la bibliothèque duquel il portait la cote C. 139; enfin que la numérotation de ses pages correspondait à celle des « vieilles coutumes en parchemin » signalées par le manuscrit de Troyes.

En continuant mes recherches à Beaune je trouvai dans un carton (1) un autre manuscrit en parchemin qui au fᵒ 58 contenait également des « coustumes et stilles gardés au duchié de Bourgogne » et qui pas plus que la copie de Gelicot n'était signalé dans le catalogue dressé par M. Molinier. Chose toute naturelle d'ailleurs, car qui s'aviserait d'aller chercher des cartulaires dans des liasses (2).

Toutes ces constatations ne laissaient pas de me plonger dans un certain embarras, au lieu de quatre manuscrits j'en avais six (3), dont quatre avaient appartenu à Bouhier et, malheureusement, dans ces quatre aucun ne parlait de Cha-

---

trouvait pas non plus dans l'inventaire de M. U. Robert, p. 232-235, depuis lequel un certain nombre d'articles, nous apprend M. Molinier, ont été égarés; à moins, ce qui est possible, qu'il n'y eût là des indications inexactes données par le bibliothécaire.

(1) Carton 2, cote 45. Il y a également dans ce carton d'autres manuscrits . moins intéressants, et dont l'un est en fort mauvais état, ils contiennent les chartes de Beaune.

(2) Il faut dire toutefois que ces cartulaires sont inscrits dans l'inventaire manuscrit des archives de Beaune dressé par M. J. Garnier, le regretté archiviste de la Côte-d'Or, en 1839.

(3) Je ne tiens pas compte du manuscrit de Gelicot qui n'est qu'une copie du manuscrit sur parchemin nᵒ 24, ni même du manuscrit de la Bibliothèque nationale : acq. nouvelles, manuscr. franç. 1230, qui n'est également qu'une copie, mais faite au xvᵉ siècle celle-là, du manuscrit de Beaune, nᵒ 24.

rolles, contrairement aux indications données par le président dans son introduction (1).

Ce fut le président Bouhier lui-même qui me fournit la solution. Il existe à la Bibliothèque nationale, aux anciens petits fonds français, n° 25209 (2), un recueil des anciennes coutumes du duché de Bourgogne copiées par le président Bouhier. Ce manuscrit n'est autre que celui de notre compilation en face de chacun des articles de laquelle le président indique ses sources en se servant des lettres A, B, C, D.

Au f° 2 v°, il nous donne les indications suivantes :

A, marque mon ms. coté C. 139.
B,   —   —   A. 61.
C,   —   —   D. 118.
D,   —   —   F. 42.

Or, le manuscrit de Bouhier coté C. 139, c'est le manuscrit en parchemin n° 24 de Beaune ; le n° A, 61, c'est le n° 204 de Troyes ; D. 118, c'est le manuscrit de Dijon publié par Giraud ; F. 42, c'est le manuscrit de Montpellier.

La preuve est faite : nous possédons toutes les sources de la compilation de Bouhier. Il n'y a plus lieu de la rendre responsable d'une perte qui ne s'est pas produite.

Reste encore une difficulté (3). En donnant le signalement de ses manuscrits, le président indiquait qu'ils portaient la trace de leur provenances : Dijon, Beaune et Charolles. Or, aucun de nos ouvrages ne contient de coutumes de Charolles et même ne parle de cette ville. Évidemment il y a erreur.

(1) Voir p. 506. Un manuscrit qui nous aurait donné les coutumes de Charolles aurait été doublement précieux : car nous ne possédons pour les franchises de cette ville que le texte publié par Courtépée, *Description générale et particulière du duché de Bourgogne*, Dijon, 1848, t. III, p. 22. Voir Canat, *Doc. inédits*, p. 193 ; et Garnier, *Chartes d'affranchissements*, t. III, p. 497.

(2) Manuscrit du xviii° siècle et non du xvii° comme le dit par erreur le catalogue. Papier, 64 feuillets. D. reli. (Bouhier, 112).

(3) Je ne parle pas d'un autre qui m'avait un moment arrêté : les références données par Bouhier ne concordent pas avec les paragraphes du manuscrit de Troyes. La réponse est facile : Bouhier indique non des paragraphes, mais les pages des manuscrits ; il n'indique les paragraphes que pour les *Coutumes anciennes* et les *consuetudines ducatus* qu'il avait publiées en même temps que sa compilation.

Nous aurions tendance à expliquer l'erreur de Bouhier de la façon suivante : dans le manuscrit de Troyes, n° 206, il se rencontre un style en matière d'appel au bailliage de Charollais. Ce manuscrit est du même format que le n° 204; il a été vraisemblablement copié en même temps et il n'est pas impossible que la prodigieuse mémoire de Bouhier se soit trouvée en défaut et n'ait attribué au manuscrit n° 204 une pièce qui était reproduite dans un autre identique d'aspect et contenant également un certain nombre d'ordonnances du duc de Bourgogne. Du reste quelle que soit l'explication donnée elle ne change rien à la certitude ou nous sommes d'avoir tous les manuscrits de Bouhier qui ont servi à sa compilation.

Ce point élucidé, essayons de déterminer la date de nos textes et leur filiation après en avoir donné une brève description.

II

Les manuscrits retrouvés, il faut maintenant les examiner.

Cet examen sera sommaire. Toutes les pièces contenues dans nos coutumiers ayant été déjà publiées ou devant l'être sous peu, il suffira d'en mentionner le titre et de rechercher plus spécialement les indications susceptibles de nous mettre sur la voie de leur filiation et de leur date. Pour permettre au lecteur de mieux se rendre compte du contenu des différents recueils nous indiquerons, quand ce sera possible, à quelle partie du coutumier publié par Giraud correspondent les textes décrits.

A. — **Description des manuscrits.**

§ 1. — Bibliothèque municipale de Dijon.

Manuscrit n° 293 (ancien fonds 216).

Manuscrit sur papier de 94 pages de 278 sur 210 millimètres, relié en parchemin. Sur la feuille de garde, de la main de Bouhier, semble-t-il, on lit : « coutumes et stiles observez au duché de Bourgogne avant la réformation desdites coutumes. — Ms. de la bibliothèque de M. le président Bouhier,

D. 118, MDCCXXVIII ». Cette dernière date est celle de l'entrée du manuscrit dans la bibliothèque du président.

Le titre du manuscrit lui-même est le suivant :

« Coustumes et stilles gardez ou duchié de Bourgogne ». Ce titre est accompagné d'une glose que Giraud a supprimée comme incohérente ainsi que la plupart des gloses latines (1). Nous les donnons en note, telles que nous avons pu les déchiffrer (2).

(1) Sauf pourtant les gloses sur les §§ 92, 56, 80, 92, qu'il a conservées et une glose qui se trouve à la fin du § 52 et qu'il a également respectée.

(2) La première glose est de la même écriture que les mots du titre « au duchié de Bourgogne » ; la voici : « et les coutumes et stilles des cours sont a garder : ut L. et C. et simillitudinem (?) C. de le. crimin. Jur..... (?); et sacra scripta in judiciis possunt alle[gari] ut in auct[thentica] ut iudi[ces] sine quo[quo] suffra[gio δόσεως fiant], c[onstitutione] quanta, col^e II^a=[c. 14?, Auth. (Coll. II, tit. 2)]. Quid de illa qui de nupciarum ante solum occasum perdit maritum an sit dottata? Videtur quod sic : ar. l. mulierem, et l. se esse (pour sequente?), ff. de Ri. nupciar., == §§ 5 et 6, D [XXIII, 2]].

Sur le § 1 de Giraud : Glose. Arg. iuste de l. falci, q. quantitas, = § 2, Inst. [II, 22]].

Au § 7. Glose. Nota quod filius emancipatus facit moram et communionem bonorum cum patre suo per annum participibus cum ipso in bonis mobilibus et acquestis.

Au § 8. Glose. Donatio facta viro vel uxori non videtur acquestus; ratio non communicanda.

§ 30. Glose. Videtur quod nullus debeat cogi dividere censum suum.

§ 40. Glose. Taillabilis debet talliari juxta facultates suas. — Nec potest vendere rem propriam mansi sui maxime alteri quam homini paris condicionis.

§ 41. Glose. Et partus non sequitur ventrem sed patrem et hec consuetudo appro(batur).

§ 43. Glose. Quid de debitis? Videtur quod sint communia inter dominos.

§ 44. Glose. Sed quot annis forte duobus vel tribus.

Ibid. Glose. Et si probavi quod minus imponuntur quam debeant domino resarciunt.

§ 60. Glose. Nobilis magis quam ignobilis. Quamvis non percussiat tamen tenetur iniuriarum.

§ 80. Glose. Nota quod ordo sequente seu verborum ostendit processus ordinem.

Ibid. Glose. Quia sigillum autentiquat.

§ 146. Glose. Quia sic debet fieri litis contestationem.

§ 151. Glose. Et quum obligatio adfirmatur capiuntur bona et detinentur quousque ad implementum debiti.

§ 152. Glose. Et quamvis sint plures successores tamen pro uno reput abuntur.

Le manuscrit comprend :

1) P. 1 à 24, §§ 1-89 de Giraud. — Un petit traité de coutumes civiles extraites d'anciens coutumiers et d'arrêts de jurisprudence auxquels on a donné un caractère général en supprimant tout ce qui rappelait l'espèce particulière à propos de laquelle ils avaient été rendus.

2) P. 24 à 26, §§ 89-98. — Les articles d'une ordonnance bourguignonne du roi Jean rendue en 1354. Le scribe ne s'est point douté qu'il recopiait une ordonnance et ne l'a pas signalé.

3) P. 26 à 41, §§ 98-159. — Une ordonnance du duc Philippe le Hardi de 1380.

4) P. 41, §§ 159 et 160. — Ordonnance de la reine Jeanne, de 1357.

5) P. 42-45, §§ 161-176. — L'assiette de terre en Bourgogne.

Nous notons que jusqu'ici les rubriques sont en latin, elles seront désormais en français.

6) P. 45, § 176 *bis* (1). — Clause de privilège du roi Charles : c'est un résumé du privilège du scel que les autres coutumiers donnent en entier.

7) P. 46 à 65, §§ 177-234. — Un petit traité sur les fiefs auxquels sont annexées deux séries de décisions de jurisprudence. Ce qui nous fait croire qu'il y a deux séries, c'est que le manuscrit 25 *bis* de Beaune s'arrête après le § 206 de Giraud. Giraud fut donc complété avec un autre recueil.

Ce petit traité sur les fiefs est plus archaïque que le premier traité sur les coutumes civiles. Il n'en a pas encore acquis la physionomie générale et abstraite. Les noms propres y abondent.

8) P. 65 à 72, §§ 234-259. — L'ordonnance sur la gruerie.

9) P. 72 à 73. — Ordonnance de Philippe le Bel sur les duels : par erreur on l'attribue au roi Charles.

10) P. 73 à 88, §§ 260-292. — Traité du gage de bataille, en français.

11) P. 89 à 94, §§ 292-310. — Enfin, un troisième petit coutumier qui présente les caractères du second : de celui des §§ 177 à 234. On ne nous donne qu'une série de décisions particulières. Les noms propres sont conservés.

(1) Giraud a oublié de numéroter ce paragraphe.

Le coutumier finit au milieu d'une phrase.

Giraud donne à notre manuscrit des dates absolument fan-
taisistes, 1270-1360, alors que la simple lecture de ce manuscrit montre des dates postérieures.

En réalité notre coutumier est une compilation faite de différents emprunts. Il est postérieur à l'année 1380, nous verrons
plus loin s'il n'est pas possible de préciser davantage sa date.

Dans la compilation, il joue un rôle assez important, puisque ses dispositions peuvent être considérées comme une des
sources de 150 articles d'après les indications données par le
président. Ces indications sont approximatives : le chiffre est
incomplet, il faut y ajouter une vingtaine d'articles. Néanmoins, nous remarquons que notre recueil n'est source unique
que pour quatre articles (1), et qu'il n'est pas possible de le
considérer comme le principal des manuscrits compilés par
Bouhier comme on le croit généralement (2).

§ 2. — ARCHIVES DÉPARTEMENTALES DE LA CÔTE-D'OR.

Manuscrit B. 287.

Ce Coutumier a été publié par mon savant collègue,
M. Stouf (3) sous le titre de « costumes de Bourgoingne faites
par Jehan Vaicheret ». C'est une copie assez maladroite de
divers recueils de sentences parmi lesquels il faut noter celui
de Montpellier ou ses sources et ceux qui sont intercalés dans
le manuscrit de Giraud. Il a été rédigé après 1389 bien que
la plupart de ses dispositions se rapportent au début du XIVe
siècle.

§ 3. — BIBLIOTHÈQUE MUNICIPALE DE BEAUNE.

1° *Manuscrit n° 25 (25 bis).*

Manuscrit sur velin de 64 (4) folios d'une fort belle écriture,
avec des lettres soigneusement dessinées à la plume, et admi-

---

(1) Les articles 33, 86, 73, 241 de la compilation qui correspondaient aux
§§ 160, 188, 201 et 20 note 1 de Giraud ; et encore pour le 1er article l'indication que fournit Bouhier est inexacte, car il s'agit d'une ordonnance de 1357
que l'on rencontre dans tous les manuscrits.

(2) Glasson, *Hist. du dr. et des inst. de la Fr.*, t. IV, p. 55.

(3) Voir p. 13, note 2.

(4) Le foliotage ancien indiquait 68 folios par erreur : on passait du folio
55 au folio 60.

rablement conservé. Dimensions, 291 millimètres sur 207. La reliure en veau est un peu usée ; le dos en partie défait. Signalons : f° 14 v°, une page blanche, f° 21 en bas un coin enlevé, f°ˢ 55, 56, 63 coin enlevé, f°ˢ 13, 14, 58, 60 un trou, f° 36, rognure. Sur le verso de la couverture, à la fin du volume, on lit : « L'an mil quatre cens soixente et set Je Renault lapin assesseur (1)... hen ai reçu de Guilleme Thomet la somme de quatre cens moins deulx gros sous le troisième jour de fevrier lan mil quatre cens soixente et sept. » A la fin du folio 64 il y a une signature grattée.

Le manuscrit a ensuite appartenu au chapitre de Beaune comme l'indiquent les mots « ex capitulo Belnensi » qui se trouvent sur la feuille de garde.

On y trouve les matières suivantes :

1) F° 1 r°. — C'est le gros péage de Beaune.

Incip. Le trousseau de robe tainte et ou il a couleur et de camelins peignies, doit XXII deniers. Il en lievent XXXII deniers. — *Explic. Item* le millier de faucilles IIII deniers.

2) F° 2 r°. — *Tituli clausularum in litteris frauchisie Belne contentarum.* La charte est en latin.

3) F° 9 r°. — *Littera communie Divionis.* La charte est en français.

4) F° 12 r°. — *Littera communie Saissonis.* La charte est en français.

5) F° 16 v°. — Ce sunt les coustumes ancienes et establissemens de la ville de Beaune (2).

6) F° 20 r°. — La élection du maire de Beaune.

7) F° 22 v°. — *Consuetudines generales ducatus burgundie.*

8) F°ˢ 28-37 r°. — Coustumes et stiles gardez ou duchié de Bourgoigne, qui reproduit les §§ 1-89 de Giraud avec quelques variantes que nous indiquerons plus loin.

9) F° 37 r°. — Assiette de terre en Bourgoigne qui reproduit également les §§ 161 à 176 de Giraud.

La seule différence à noter est qu'après le passage du § 170 de Giraud les mots « a peu de temps » sont suivis dans

(1) Un mot effacé.

(2) Reproduit ainsi que le numéro suivant par Giraud, *Essai sur le droit français*, II, p. 329 d'après une copie de J. Garnier, et par J. Garnier : *Chartes de communes et affranchissements de la Bourgogne*, t. I.

Beaune par « et a XXX toises rapenaux de quarreure et a chascune toise VIJ piez et demi de long ».

10) F^{os} 38 v° et 29 r°. — Privilèges du seele. Ils sont donnés tout au long et non dans un simple article abrégé comme le fait le coutumier de Giraud ; § 176 *bis*.

11) F° 39 v°. — Ci comence la division des fiefz. Le texte reproduit les §§ 177 à 207 de Giraud avec les modifications suivantes :

Avant le § 185 de Giraud la rubrique « en arriere fief » devient en « Rerefief ».

Les §§ 186, 194, 195, 201 de Giraud sont supprimés dans le mns. de Beaune.

Au § 193, au lieu de « la dame de Cintenay » le mns. porte « la dame de Courtenay » et, à la fin, au lieu de : « sur chacun de leurs hommes » le mns. de Beaune a « sur chacun de leurs homes tenans feu et lieu ».

12) F° 43 v°. — Coustumes de France. *Incip.* Lon doit tenir pour vraies les parolles narratives du roi... *Explic.* Aliénations faictes par quelconque titre que ce soit povent estre revoquees par le souverain selles ne sont amorties et confirmées par lui. — Ordonnance de Philippe le Bel contre les duels de 1306. Il y a Philippe et non Charles : l'erreur de Giraud n'est pas reproduite.

13) F° 44 v°. — Le petit traité sur le gage de bataille qui se trouve dans Giraud en français est en latin dans le manuscrit Beaunois. Il commence ainsi : nota quod quatuor requirantur ad hec quod vadium habeat locum : primo quod casus propositus requirat penam mortis... Ce traité doit être rapproché de celui qui se trouve au ch. XVI du *stilus curiae parlamenti*, dont il me semble une copie faite sur un manuscrit plus ancien que celui qu'a employé Dumoulin. Le manuscrit de Dumoulin donne le traité avec des gloses. Le nôtre s'arrête au § 28 de celui de Dumoulin (1).

14) F° 48 v°. L'ordonnance des auditeurs.

15) F° 49 v°. — L'ordonnance du roi Jean de 1354. Giraud, §§ 89, 97 où elle ne porte pas de titre.

____

(1) Dans l'édit des œuvres complètes de Charles Dumoulin, Paris, 1681, t. II, p. 424.

16) F⁰ˢ 50 v°-54. — Ordonnance de la reine Jeanne de 1357.
— Ordonnance du duc Philippe le Hardi de 1370.

17) F⁰ˢ 54 v° et 55 v°. — Ordonnance de 1376.

18) F⁰ˢ 55 v° à 61 v°. — Ordonnance de 1380. — Giraud, §§ 98
à 158 avec quelques variantes que nous trouvons également
dans le coutumier de Troyes, n° 204.

19) Fᵘˢ 61 v° à 64 r°. — Ordonnance de 1384.

Notre manuscrit est donc certainement postérieur à l'année
1384 (1). Bouhier ne semble pas l'avoir connu.

2° Manuscrit du carton 2° cote 45 (2).

Cartulaire relié en basane, dimensions 280 sur 204 millimètres, 87 feuillets de parchemin. Il est coté de 1 à 86 avec un
folio 43 bis. A la fin du cartulaire, folio 86 v° on voit les mots
suivants : « iste liber est guioto Blancheti qui sibi furabitur per
collum suspaindatur [un paraphe] anime omnium fidelium ».

Enfin au revers de la couverture une caricature représentant
une tête (de juge)? coiffée d'un bonnet avec des ailes et des
cornes.

Sur le dos du cartulaire était le titre suivant : « Anciennes
copies des lettres des privilèges de la ville de Beaune et coutumes tent de la ville que du duché de Bourgogne ».

L'ouvrage contient :

1°) F° 1°. — Le gros péage de Beaune.

2°) F° 2 v°. — Tituli clausularum in litteris franchisie Belne
contentarum. Charte en latin.

3°) F° 13 r°. — Littera communie Divionis.

4°) F° 19 v°. — Littera communie saessonis.

5°) F° 26 r°. — Ce sont les coustumes anciennes et les establissemens de la ville de Beaune.

6°) F⁰ˢ 35 r° à 41 v°. — Ordonnance de Philippe le Hardi
de 1370.

7°) F⁰ˢ 41 v° à 43 r°. — Ordonnance de 1376. A la fin se trouvent les coutumes de France avec un article de plus que dans

____

(1) Le catalogue des manuscrits l'indique à tort comme étant du milieu du
xɪvᵉ siècle.

(2) Anciennement L. 355, layette 26.

le coutumier précédent : « qui fiert sans sang il en doit damende sept soles a partie et sept sols a justice ».

8) F° 43 r°. — Ordonnance de Philippe le Bel sur les duels,
datée inexactement de 1370.

9) F°ˢ 43 *bis* r° à 45 v°. — Ordonnance des auditeurs.

10) F°ˢ 45 r° à 49 v°. — Ordonnance de 1384.

11) F°ˢ 50 r° à 57 v°. — *Consuetudines generales ducatus
burgundie*.

12) F° 58. — Coustumes et stilles gardez ou duché de Bourgogne. Comprend les paragraphes 1 à 89 de Giraud.

13) F° 70. — Sous la rubrique « *de Provisionibus* » se trouvent comme dans Giraud, §§ 89 à 97, les articles de l'ordonnance de 1354 et, avant la rubrique, les mots : « Par le Roy
Jehan lan mil ccc lııı en parlement ».

14) F°ˢ 73 v° à 83 v°. — Ordonnance de 1380 dont le texte
est le même que celui de Giraud §§ 88-158, avec cette seule différence que la rubrique qui se trouve avant le § 105 n'existe pas
ici.

15) F° 83 r°. — Ordonnance de la reine Jeanne de 1357 =
Giraud, §§ 159-160.

16) F°ˢ 83 v° et 85 r°. — Assiette de terre en Bourgoigne,
qui reproduit les articles de Giraud, § 161-176 avec cette différence que dans le § 170, les mots « en peu de temps » sont
suivis de « et a XXX toises rapenaulx de quarreure et a chascune toise VII piez et demi de lonc ».

17) F° 85 v°-86 v°. — Privilège de Seel. Le privilège est
donné tout au long et non dans un simple article abrégé comme
dans Giraud, § 176 *bis*.

3° *Manuscrit n° 24 (25).*

C'est le plus important de beaucoup des manuscrits consultés par Bouhier puisqu'il est source de tous les articles de la
compilation à l'exception de cinquante-six. Il portait dans la
bibliothèque de Bouhier le n° C, 139 et la date MDCCXXXVI
qui indique l'époque de son acquisition. C'est un manuscrit
sur parchemin de 123 feuillets : nous prenons la foliotation la
plus récente et non la pagination de Bouhier. Il contient :

F° 2 r°. — 1) Le gros et le menu péage de Beaune.

F° 8 r°. — 2) La charte de Dijon en français et la charte de Beaune.

F° 10 r°. — 3) La charte de Soissons.

F° 12 v°. — 4) Les coutumes de Beaune.

F° 14 v°. — 5) Autres coutumes à Beaune gardées.

F° 16 r°. — *Consuetudines generales burgundie.*

F° 20 v°. — *Consuetudines Burgundie.*

F° 116 v° à 123. — Différentes décisions de droit.

Nous ne donnons pas de description plus détaillée de ce manuscrit puisque nous comptons le publier sous peu. La seule chose qu'il importe de souligner, c'est qu'il nous semble postérieur aux autres coutumiers dont nous avons déjà parlé ou dont nous allons parler et qu'il est glosé et daté. La glose a été terminée en l'année 1402 vers la Toussaint (1).

4° Manuscrit de Gélicot.

Copie fautive du précédent manuscrit faite postérieurement à son entrée dans la bibliothèque de Beaune le 23 brumaire an XIV (14 nov. 1805).

§ 4. — BIBLIOTHÈQUE NATIONALE.

Acquisitions nouvelles, manuscrit n° 1230.

C'est également une copie, mais faite dans le début du xv° siècle, entre 1402 et 1459 par conséquent, du manuscrit n° 24 de Beaune. Nous n'en donnons pas la description pour des raisons indiquées plus haut.

§ 5. — BIBLIOTHÈQUE MUNICIPALE DE TROYES.

Manuscrit n° 204 (2).

Manuscrit en papier de 428 mm. sur 290 mm. Relié en velours noir très râpé comme beaucoup d'autres manuscrits de

---

(1) Il faut donc corriger la note du catalogue des manuscrits qui l'indique comme étant de la fin du xiv° siècle.

(2) Nous devons une partie des indications sur l'état du manuscrit à l'extrême obligeance de M. Lucien Morel, conservateur de la bibliothèque municipale de Troyes. Nous sommes heureux de lui adresser ici nos bien sincères remerciements.

Bouhier avec un raccommodage moderne ; le dos et les coins
sont en parchemin vert. Il se fermait par des cordons en soie
rouge, ceux du haut sont à peu près intacts. Au bas, le cordon
du plat supérieur a disparu, il reste la moitié de celui du plat
inférieur.

Le foliotage indiqué par l'auteur du catalogue de la bibliothèque de Troyes était de 72 feuillets, le nouveau foliotage qui
comprend les feuillets de garde omis et une Charte d'Hugues III,
duc de Bourgogne, copiée par Bouhier et intercalée par lui entre les anciennes pages 20 et 21, est de 76 folios.

Nos indications se réfèrent non au foliotage mais à la pagination ancienne qui nous semble de la main de Bouhier.

Le feuillet du titre de la main du président Bouhier est
ainsi conçu : « Registre contenant les Chartes, Privilèges et
Coutumes de la ville de Beaune, plus les chartes de la commune de Dijon et Soissons, les anciennes coutumes du Duché
de Bourgogne, avec quelques ordonnances des rois de France
et ducs de Bourgogne concernant la même province, divers
arrêts du Parlement de Beaune, etc. ».

Au bas : « ms. de la bibliothèque de M. le président Bouhier. A. 61, MDCCXXI ».

Cette dernière date semble celle de l'entrée du manuscrit
dans la bibliothèque de Bouhier. Pourtant Bouhier, lorsqu'il
nous parle de ce manuscrit, nous le présente (1) comme un
manuscrit « beaucoup plus récent et très fautif qui s'est trouvé
dans ma famille ».

Cette indication ne concorde pas avec la date de 1721 : il
faut admettre ou que Bouhier a acquis le manuscrit d'un de ses
parents, ou qu'il l'a trouvé dans la bibliothèque de son père,
Étienne Bouhier, et l'a fait recopier ou relier en 1721 (2) ?

Une dernière observation : d'après la description du catalogue de Troyes, le manuscrit serait, semble-t-il, un recueil
factice composé de plusieurs pièces rassemblées un peu au
hasard par le copiste. En réalité, le manuscrit est tout entier
composé de la même main, les différentes parties s'enchevê-

(1) P. 107 de l'édition de 1742.

(2) Il serait possible de trouver la solution de la question en examinant
à la bibliothèque de Troyes le manuscrit des livres de la bibliothèque d'Étienne
Bouhier.

trent sans feuilles de départ et non simplement séparées par des titres (1). — De plus, quand on en compare le contenu aux manuscrits de Beaune, il est certain que l'on se trouve en présence d'une copie d'un manuscrit unique auquel ont été ajoutées simplement, entre les pages 20 et 21, l'ordonnance de Hugues III, dont nous avons déjà parlé et une ordonnance sur la réformation des poids, p. 141-143, à la fin.

Ceci dit, continuons la description commencée :

Le titre général qui suit celui du président Bouhier est rédigé en grandes capitales inscrites dans un cadre carré orné de dessins aux angles. Il est ainsi conçu : PRIVILEGIA ET IMMUNITATES CONCESSÆ HOMINIBUS DE BELNA, CONSUETUDINES EIUSDEM LOCI ET ALIA ORDINAMENTA PARLAMENTI AB ANNO MCCCLXX UNA CUM CONSUETUDINES GENERALES BURGUNDIE.

Suivent les matières suivantes :

1) P. 1-13. — Cartulaire de Beaune.

    P. 9. — *De predagio non soluto* (*sic*).

2) P. 21-44. — Charte de Dijon.

3) P. 44-57. — Coutumes anciennes et établissements de ladite ville de Beaune.

4) P. 57-66. — Ordonnances de Philippe le Hardi de 1370.

5) P. 66-68. — Ordonnance de 1376 suivie des coutumes de France avec les trois articles du mns. de Beaune, carton 2, cote 45.

6) P. 68. — Ordonnance de Philippe le Bel sur les duels.

7) P. 70-73. — Ordonnance des auditeurs.

8) P. 73-80. — Ordonnance de 1384.

9) P. 80-95. — *Consuetudines generales ducatus Burgundie.*

10) P. 95-121. — Coustumes et stilles gardés ou duché de Bourgongne.

En comparant le texte avec celui de Giraud on voit qu'il comprend les §§ 1 à 89 de Giraud.

En note de la main de Bouhier : « Faut conférer les dites coutumes avec un ancien manuscrit qu'en a M. Mairet de Minot, conseiller au parlement ».

11) P. 118-120, après le § 89 de Giraud. — Par le Roy Jean,

______

(1) L'observation précédente est de M. Morel.

lan mil trois cens LIIII en parlement. Le reste comme dans
Giraud jusqu'au § 97.

12) P. 121-134. — Ordonnance de 1380.

Les différences avec Giraud sont les mêmes que dans les
manuscrits de Beaune, n° 25 (25 *bis*) et carton 2, cote 45.

13) P. 134. — Ordonnance de la reine Jeanne de 1357.

14) P. 134-139. — L'assiette de terre en Bourgogne.

15) P. 139-141. — Privilège du seele en entier.

16) P. 141-143. — Ordonnance de Philippe le Hardi, duc
de Bourgogne, adressée au bailli d'Auxois, pour la réformation
des poids.

Cette ordonnance était étrangère au cartulaire comme l'indique une note manuscrite de Bouhier : « Tiré de l'original
étant aux archives de Montbars » (1).

Le reste forme une copie d'un cartulaire ancien. Bouhier (2)
nous l'indiquait déjà et il ajoutait : « j'aurais fort souhaité
pouvoir découvrir en quelles mains cet original était alors, et
ce qu'il est devenu, mais mes recherches ont été sur cela inutiles ».

Nous pensons être plus heureux que Bouhier, car, si l'on
compare le manuscrit de Troyes à celui du carton 2 cote 45 de
Beaune, il est difficile de ne pas être frappé de la ressemblance. Nous pensons que le manuscrit de Troyes a été copié
sur celui de Beaune. L'examen minutieux que nous avons fait
des ordonnances bourguignonnes contenues dans les deux
manuscrits nous confirme dans cette opinion.

§ 6. — Bibliothèque de Montpellier.

Manuscrit n° 386.

Le coutumier de Montpellier H. n° 386, forme un petit volume in-8° avec couverture en parchemin.

Le manuscrit proprement dit sur velin comprend 148 pages,

(1) Cette ordonnance qui émane du duc lui-même et qui est datée de Dijon,
7 février 1388, nous permet de combler une lacune dans les itinéraires des
ducs. Ernest Petit, *Itinéraires de Philippe le Hardi et de Jean sans Peur.* Paris,
Imprimerie nationale, 1888, p. 191.

(2) P. 107 de l'édition de 1742.

la page 47 est froissée, les pages 52, 53 sont très abîmées. La pagination est due au président Bouhier qui a écrit au verso de la feuille de garde une petite note signalant la date de divers jugements (1). Aux dernières pages différentes observations sur le temps d'une écriture ancienne.

Au recto de la feuille de garde sur papier, on voit le titre de l'ouvrage écrit au xviiie siècle : « Chartes des privilèges et droits de la ville de Dijon. Coutumes particulières anciennement observées en la même ville. Coutumes générales qui s'observaient anciennement au Duché de Bourgogne avant la rédaction faite en 1459.

MS. de la Bibliothèque de M. le président Bouhier, F. 42, MDCCXXXVI (2) ».

L'ouvrage étant remarquable par son ancienneté, par certaines pièces rares qu'il contient et des formes philologiques intéressantes nous en donnons un inventaire plus détaillé. Il comprend :

P. 2-9. — La Charte de Dijon de 1187.

P. 9-13. — Les privilèges de Soissons.

P. 13-15. — Confirmation de « Huede fil Hugue duc de Bourgogne ».

P. 15. — Le don des amendes et des meffues.

P. 15, 16. — Le règlement pour la fausse monnaie.

P. 16-17. — La confirmation du duc Eudes en 1193.

P. 17-18. — La confirmation de Hugues en 1228.

P. 18-20. — Octroi d'un procureur donné à la commune pour les tailles (1268).

Ce document n'est pas indiqué par J. Garnier dans ses Chartes de communes et affranchissements de la Bourgogne.

P. 20-23. — Confirmation de Hugues (1272).

 —   — de Philippe, roi de France.

 —   — autre du même.

P. 23. — Don du ban, de lestrait des juifs et etalage aux foires.

---

(1) Note de Bouhier : « P. 113 de ce volume est parlé d'un jugement et d'un autre de 1286, et p. 123 d'un de 1307 ».

(2) Ce dernier chiffre signale la date de l'entrée du manuscrit dans la bibliothèque du président.

P. 24. — Confirmation de Huedes.

P. 25. — Mandement à plusieurs châtelains pour confirmation.

P. 25, 26. — Mandement à l'abbé de Clairvaux.

P. 26. — Promesse d'Alix, duchesse de Bourgogne.

P. 26-27. — Promesse de garde de Vyllemes de Vergy.

P. 27. — Promesse de Gauthier, sénéchal de Châtillon.

P. 27. — Promesse d'Eudes, sire de Chanlite.

P. 28-29. — Sur l'établissement du maire et des jurés.

P. 29-30. — Accord de Robert et de la commune (1277).

P. 30-32. — Déclaration au sujet d'empiètements de justice (1297).

P. 32-33. — *Ibid.*, pour une amende (1297).

P. 33-34. — Règlement de la possession (1216).

P. 34. — Confirmation de l'archevêque de Lyon (1294).

P. 34-35. — Confirmation de l'évêque d'Autun (1294).

P. 35. — Confirmation de Guis, évêque de Langres (1294). Ces deux derniers documents ne sont pas indiqués par Garnier.

P. 36-37. — Confirmation de Guy, évêque de Chalon (1232).

P. 37-47. — Confirmation des marcs (1284), par le roi Philippe.

P. 47-52. — Supplications faites au duc pour maintien des privilèges (1314 ?).

P. 52-54. — Confirmation du duc Eudes (1313).

P. 55-61. — Les paages et les ventes à Dijon (1).

P. 61-64. — Villes qui ne doivent ne paage ne vente (2).

P. 64-67. — Les ventes en la foire de la toussain (3).

P. 67-68. — Plait général (4).

P. 68-70. — C'est la mainere commant lon met les vigniers à Dyion et qui sunt cil qui les presentent et quans chacun y doit mettre.

(1-2-3-4) Ces quatre documents ont été publiés par E. Collette, d'après le ms. B, 14 des archives municipales de Dijon, dans son travail sur *Les foires et marchés à Dijon*, Dijon, Nourry, 1905, p. 167-182, et par Chapuis, *Les foires et marchés à Dijon*, Dijon, Nourry, 1905. Tous les autres se trouvent dans le tome 1er des *Chartes de communes et d'affranchissements en Bourgogne* de J. Garnier, sauf les exceptions indiquées.

P. 70-83. — Sans titre. Nous y trouvons les coutumes imprimées par Pérard, dans son *Recueil de plusieurs pièces curieuses...*, p. 356-360.

P. 85-126. — D'une autre écriture plus grosse et semble-t-il un peu plus récente : « ce sont Coutumes gardées et approuvées en la duchié de Borgoine ». Nous publions le texte plus loin.

P. 126-133. — Ci ha Costumes de Diion et de toute Borgoigne gardées, iugées et approuvées si comme lon les doit tenir.

Le titre pourrait faire croire qu'il s'agit « des coutumes esprouvées à Dyion et par toute Borgoigne » publiées par Bouhier (1); en réalité, sauf le premier article qui correspond bien à l'article 39 de ces « coutumes esprovées à Dyion et en toute Borgogne », tous les autres sont simplement la reproduction des « coutumes anciennes du duché de Bourgogne », publiées également par Bouhier (2). Notons que 3 paragraphes des coutumes anciennes (32, 56, 57) ne se trouvent pas dans notre manuscrit.

P. 133-143. — Ce sont pluseors costumes de borgoigne et plusourz autres chouses qui sunt gardées et faites et dites au pallement.

Nous publions également le texte à la suite des « Costumes gardées et approvées en la duchié de Borgoine ».

Ce manuscrit de Montpellier est très important à étudier à qui veut comprendre la genèse des coutumiers bourguignons avant la rédaction des coutumes du duché en 1459. Certainement postérieur aux premières années du xive siècle il contient un acte de 1313 (p. 52-54) et peut-être un de 1314 (3) (p. 47-52). De plus, les « costumes gardées et approvées » nous donnent un certain nombre d'arrêts encore datés. Toutes ces dates se rapportent à la fin du xiiie et au début du xive siècle. On y parle des années 1285, 1286, 1298, 1299, 1300, 1302, 1303, 1304, 1305, 1307 (4).

(1) T. I, p. 162-172.
(2) T. I, p. 159-162.
(3) C'est la date que donne avec hésitation M. Garnier. *Chartes de communes et d'affranchissements en Bourgogne*, t. I, p. 57.
(4) §§ 55, 79, 97, 99, 102, 15, 62, 109, 112, 64, 104, 106, 112.

Notre coutumier est donc certainement postérieur aux années 1313, 1314.

D'un autre côté, comme il ne parle pas des ordonnances royales et ducales de 1354, 1357, 1370, 1380, etc., il nous semble certain qu'il est antérieur à ces dernières dates. Il est même très vraisemblable qu'il est antérieur à des actes comme l'obligation qui fut imposée en 1344 par le duc Eudes IV à ses successeurs de jurer à leur avènement le respect des privilèges de Dijon (1), car on n'aurait pas manqué de les insérer dans un cartulaire de Dijon. Pour ces raisons nous pouvons considérer comme dates extrêmes 1314 et 1334. Il est probable que c'est peu de temps après 1314 que le manuscrit a été composé.

Ce manuscrit a servi de source à 68 articles de la compilation de Bouhier, mais il n'est source unique, d'après les indications de Bouhier, que pour quatre d'entre eux (2).

B. — Date, classement et composition des manuscrits.

Essayons maintenant de retirer des conclusions un peu générales que peut suggérer le rapprochement des différents manuscrits que nous venons de décrire.

Pour plus de brièveté, nous les désignons par des lettres et nous appelons :

A. le manuscrit de Beaune, nᵒ 24.

B. le manuscrit de Troyes, nᵒ 204.

C. le manuscrit de Dijon, publié par Giraud, nᵒ 393 (AF. 216).

D. le manuscrit de Montpellier, nᵒ 386.

E. le manuscrit de Beaune, nᵒ 25 (25 *bis*).

F. le manuscrit de Beaune du carton 2.

G. le manuscrit de Beaune copié par Gelicot.

(1) Garnier, *loc. cit.*, p. 63.
(2) Nous ne parlons pas du coutumier publié par Marnier en 1857 dans la *Revue historique du droit français et étranger*, t. III, pp. 525 à 560, sous le titre : « Ancien coutumier de Bourgogne ». Le manuscrit que nous recherchons vainement et que n'ont pu découvrir ni M. Léopold Delisle ni M. Omont et qui ne se trouve ni à la Bibliothèque nationale ni au Musée britannique, est du xivᵉ siècle, mais les coutumes qu'il mentionne sont bien antérieures et remontent au moins au xiiiᵉ siècle.

H. le manuscrit de la bibliothèque nationale de Paris, n° 1230.

N. le manuscrit des archives de la Côte-d'Or publié par M. Stouf.

Nous rechercherons d'abord la date de la rédaction des différents manuscrits, nous en examinerons ensuite le contenu et la filiation.

a) *Date des manuscrits.*

Il apparaît de suite qu'il faut mettre de côté les manuscrits D, A, G, H comme ayant une date certaine, D est du début du xive siècle (1314-1334); A est de 1402 et G et H sont des copies de A.

Restent les manuscrits B, C, E, F, N.

Nous pouvons mettre de côté N, le coutumier de Jehan Vaicheret, postérieur à 1389 et présentant une physionomie toute spéciale.

Nous négligeons également le manuscrit B qui nous semble une copie de F.

Quant aux autres manuscrits C, E, F, ils présentent entre eux de nombreux points de ressemblance :

Tous sont postérieurs à 1380 ;

Tous contiennent :

1) Le même petit traité de droit coutumier que l'on trouve dans les §§ 1 à 89 de Giraud.

2) L'assiette de la terre en Bourgogne.

3) Les ordonnances de 1354, 1380, 1357.

4) Le privilège du scel.

Mais à côté de ces ressemblances il y a des différences : C ne contient que les ordonnances susindiquées, les 3 autres ont en outre les ordonnances ducales de 1370, 1376, 1384, l'ordonnance des auditeurs de Beaune et les coutumes de France.

Par contre C a toute une série d'articles que n'ont point les autres. Son commentaire du gage de bataille est en français et plus développé que celui de E.

De plus si l'on compare le petit traité de coutumes civiles, qui se trouve au début de nos coutumiers, on remarque que C présente des rubriques et certaines gloses que n'ont pas les autres manuscrits :

Dans les deux coutumiers E. et F à la différence du coutumier C publié par Giraud, on remarque qu'il n'y a pas de rubriques avant les §§ 12, 16, 17, 19.

Une rubrique *de heredibus instituendis in feudis* s'y trouve avant le texte du § 23 qui dans Giraud ne porte pas de rubrique ;

La glose qui se trouve après le § 40 dans Giraud et celle qui suit le § 52 manquent ;

Le § 5 de Giraud manque dans E et F et le § 44 de ces deux manuscrits n'est pas rédigé exactement comme dans C.

Le § 47 de Giraud se trouve après le § 52 dans F et E.

Aux §§ 77 et 84 de E et de F nous trouvons deux rubriques *de ressortis* et *de judiciis* qui manquent dans Giraud.

La première impression qui se dégage de cet examen est que le coutumier C qui est, en général, plus rubriqué et plus glosé que les deux autres leur est postérieur.

Cette impression est considérablement fortifiée par un argument solide que nous fournit le coutumier de Jehan Vacheret.

Dans le coutumier C, au § 296, nous avons une décision non datée : il y est décidé dans un procès entre Hugues de Tonnerre et le procureur d'Alexandre de Blaisy que l'on ne peut prouver après la publication que par lettre et par aveu ou « cognoissance de partie ».

Or la même décision, mais reproduite maladroitement, se trouve au § 57 du coutumier de Jean Vacheret, elle est datée du mercredi après la Saint-Remi (6 octobre) 1389.

Le coutumier Giraud est donc postérieur à 1389.

Comme d'un autre côté, aucun indice ne nous permet de relever dans les coutumiers E et F une date postérieure à 1384, nous en concluons que E et F sont antérieurs au coutumier C, lui-même postérieur à 1389.

Mais si C est postérieur à 1389 il nous semble antérieur à 1402, car le manuscrit H qui date de cette année 1402 nous paraît avoir connu C ou du moins l'original sur lequel C a été copié, car C n'est qu'une copie.

Peut-être pourrait-on dater de plus près en remarquant que les coutumiers E et F ne contiennent pas, entre autres, les ordonnances de 1387 de Jehan Canart (1) et fixer entre 1384 et

____

(1) On les trouve dans le manuscrit de Beaune, n° 24 (25), p. 120 à 122.

1387, probablement près de 1384, la date de leur fabrication.

Enfin même déclarer que F est un peu antérieur à E car certaines parties de E : les coutumes civiles (§§ 1 à 89 de Giraud), les ordonnances de 1370 et 1380 nous paraissent copiées sur F dont E n'a pas su reproduire les abbréviations un peu difficiles, et les a laissées en blanc.

Nous avons donc :

F antérieur à E (1384-1387).

G (1389-1402).

Ces dates étant précisées, la question de la filiation et du classement de nos divers manuscrits est la seule qui nous reste à trancher. Elle est importante car on ne peut conclure de la date d'un manuscrit à celle de ses différents morceaux et c'est de cette dernière que nous voulons nous occuper.

b) *Classement et composition des manuscrits.*

On peut, je crois, se représenter l'histoire des manuscrits de la façon suivante.

Au début du xive siècle, outre les chartes de villes, on trouve en Bourgogne des recueils de sentences et d'arrêts connus sous le nom de « coutumes anciennes », « *consuetudines ducatus* », « coutumes de Dijon et de toute Bourgogne » et « Li usage de Borgogne » (1), etc.; à côté de ces anciens coutumiers établis dès la fin du xiiie siècle il existe des compilations dues à des praticiens qui reproduisent les décisions de jurisprudence qui leur semblent les plus intéressantes dans des arrêts des Parlements de Beaune et de Saint-Laurent, des cours d'appeaux et des bailliages.

De ces cahiers, le coutumier de Montpellier fournit un type très caractéristique (2). On retrouve ces compilations informes encore représentées à la fin du xive par les deux petits coutumiers insérés dans la seconde partie du manuscrit de Giraud (3), et par le coutumier de Jean Vacheret publié par M. Stouf.

---

(1) Ces différents coutumiers ont été publiés par Bouhier, *Les cout. du Duché de Bourg.*, édit. de 1742, I, p. 152 à 172. Nous les étudierons plus tard. « Li usage de Borgogne » ont été publiés par Marnier, *Rev. hist. de dr. fr.*, t. III, p. 526 à 560.

(2) Coutumier de Montpellier, §§ 2, 3, 12, 35, 24, 62, 83, etc.

(3) Giraud, §§ 177-234 ; 292-310.

4283. ⋆ **CHAMPEAUX** (Ernest). — Les
Ordonnances des ducs de BOURGOGNE
sur l'administration de la justice du
duché, avec une introduction sur les
origines du Parlement de Bourgogne,
par Ernest Champeaux,... — *Dijon,
Damidot frères,* 1907. In-8°, CCCXXXI-
351 p.   [8° **R. 10345**

(*Revue bourguignonne,* publiée par l'Université de Dijon, 1907, T. XVII, n° 2-3.)

A la suite de ces compilations qui contiennent les noms des parties et présentent le cas de jurisprudence (1), on essaie d'en établir de plus générales dans lesquelles on supprime tout ce que peut rappeler l'espèce particulière pour mieux mettre en relief la règle générale. On y intercale les anciennes coutumes de la fin du XIIIᵉ siècle. De ces rédactions l'une obtient un grand succès : c'est celle qui est contenue dans les §§ 1 à 89 de C (coutumier de Giraud) et que nous retrouvons dans les manuscrits E, F.

Le tableau suivant montrera bien la composition d'un coutumier de ce type que nous nommerons le type M.

Composition du coutumier du type M.

Ms. 293 (A. F. 216) de Dijon publié par Giraud.	Ms. de Montpellier (je donne les §§ de ma publication).	Coutumes anciennes (Bouhier, I, 159-162) = CA.	Consuetudines Ducatus (Bouhier, I, p. 152,158) = CD. et coutumes de Dijon et Bourgogne. Bouhier, p. 162-172) = DB.
1	4.		
2	8. Cfr. 38.		Cfr. CD. 99.
3	10...........	....	Cfr. CD. 15.
4	53...........	....	CD. 26. 61.
5	11.		CD. 30.
6	6, 7.		
7	....	CA. 37	CD. 58.
8	92. Cfr. 9....	....	CD. 57, 60.
9			
10	Cfr. 63.		
11	Cfr. 9	....	CD. 60. DB. 31, 32.
12	52..	DB. 20.......	CD. 24
13	Cfr. 39, 95....	....	CD. 97, 24.
14	67.		
15	....	CA. 14.......	CD. 24, 97. DB. 20.
16	....	CA. 47 et 48..	CD. 42 et 18. DB. 22.
17			DB. 49; cfr. CD. 83.
18	95...........	CA. 32.......	CD. 25, DB. 48.
19			CD. 58.
20	49, 50.......	CA. 32.......	CD. 28.
21	51.		
22	....	CA. 22.	DB. 50; cfr. CD. 59.
23	65, 113.		

(1) Pour le premier des petits coutumiers de Giraud, §§ 177-239, on trouve de telles indications dans 39 articles et dans les §§ 292-310, dans 17 articles, alors que de 1 à 89 il n'y en a pas une.

Ms. 293 (A. F. 216) de Dijon, publié par Giraud.	Ms. de Montpellier (je donne les §§ de ma publication).	Coutumes anciennes (Bouhier, I 159-162) = CA.	Consuetudines Ducatus (Bouhier, I, p. 152, 158) = CD, et coutumes de Dijon et Bourgogne. Bouhier, p. 162-172) = DB.
24	31.		
25	35.		CD. 54.
26		CA. 41	CD. 76.
27			CD. 78, 79.
28			CD. 80.
29			
30			
31			CD. 81.
32			
33			
34			
35			
36			
37		CA. 17, cfr. 27.	CD. 35, 38.
38			CD. 89. DB. 74.
39	101		
40		CA. 40	CD. 101.
41		CA. 55	
42	43, 99, 100	CA. 8	
43	68		CD. 66.
44		CA. 23	CD. 100.
45	106.		
46			
47	109	CA. 36	CD. 3.
48	34.		
49	25		Cfr. DC 49.
50		CA. 21	
51			
52			CD. 2.
53		CA. 22	DB. 45, 46. Cfr. 75.
54	47.		
55			
56			
57	108.		
58			
59	62.		
60	64 (aº 1304).		
61	46.		
62			
63			
64	45 Cfr. 56.		
65	82.		
66		CA. 45	CD. 9. DB. 114.
67	120.		

Ms. 293 (A.F. 216) de Dijon, publié par Giraud.	Ms. de Montpellier (je donne les §§ de ma publication).	Coutumes anciennes (Bouhier, I, 159-162) = CA.	Consuetudines Ducatus (Bouhier, I, p. 152, 158) = CD, et coutumes de Dijon et Bourgogne. Bouhier, p. 162-172) = DB.
68........	....	CA. 18......	CD. 12.
69........	97.		
70........	111.		
71........	110.		
72........	24.		
73.......	Cfr. 13.......	CA. 4........	CD. 20.
74			
75.......			
76.			
77.......	Cfr. 30.		
78........			
79.......	Cfr. 47.		DB. 12, cfr. 13.
80.......			
81			
82........			
83........			
84........	....	CA. 25.......	CD. 37.
85.......	....	CA. 26.......	
86.......			
87........	....	CA. 13.......	Cfr. CD.88 ; cfr. DB.26
88........			CD. 82.
89........	....	....	DB. 40.

Le tableau précédent nous paraît prouver que le coutumier du type M. dérive du coutumier de Montpellier ou de ses sources et des anciens recueils de la fin du XIIIe siècle. On a fondu ensemble ou traduit des dispositions qui se trouvaient dans les différents articles de ces ouvrages, en groupant sous des rubriques communes celles qui se rapportaient au même sujet et en y ajoutant un certain nombre de développements nouveaux. A ce dernier point de vue il n'est pas inutile de signaler particulièrement à l'historien du droit les décisions qui n'existent ni dans les coutumes anciennes et les coutumes de Dijon-Bourgogne, ni dans les *consuetudines ducatus* ni dans le coutumier de Montpellier, elles peuvent, à notre avis, être considérées, pour la plupart, comme nouvelles et classées entre 1314-1334 et 1380.

Cette année 1380, je ne la choisis pas arbitrairement. Elle m'est imposée par la considération que les manuscrits C. et F. contiennent immédiatement après le coutumier du type M les

ordonnances de 1354, 1380 et 1354, puis l'assiette de terre en
Bourgogne.

Ces ordonnances sont intercalées par conséquent dans le
corps du coutumier tandis que les autres ordonnances, celles
de 1370, 1376, 1384, etc. sont rejetées après le coutumier.
Citons comme exemple le ms. F et peut-être le ms. C dont il
ne faut pas oublier que nous ne possédons pas la fin. Nous
aurions tendance à croire que les dernières ordonnances, celles
de 1370, etc. n'ont été ajoutées qu'après coup, après 1380, et
que primitivement, entre 1380 et 1384 par conséquent, les
coutumiers présentaient un type spécial correspondant au type
$M +$ les ordonnances de 1354, 1380, 1357, et que nous nommerons le type M^1 (1).

A côté de ce type M^1 nous avons un type M^2, ici l'on n'intercale pas les ordonnances de 1354, 1380, 1357 entre le coutumier du type M et l'assiette de terre en Bourgogne, on fait
suivre celle-ci et le privilège du scel d'un petit traité sur les
fiefs et de l'ordonnance sur les duels suivie du traité du gage
de bataille, enfin l'on rejette toutes les ordonnances y compris
celles de 1354, 1380 et 1357 à la fin du coutumier. C'est ce que
nous voyons dans le ms. E. Ces deux types sont définitivement
établis après 1384, car tous deux contiennent une ordonnance
de cette date. Le type M^2 est postérieur à l'autre (2).

Maintenant si nous remarquons la composition du coutumier de Giraud, ms. C, nous voyons qu'elle reproduit les deux
types M^1 et M^2.

Dans une première partie, qui correspond à peu près aux

(1) Pourquoi cette place spéciale faite aux ordonnances de 1354, 1357,
1380? Il est difficile d'être bien affirmatif. Peut-être, les deux premières
ordonnances ayant été portées en présence du roi et de la reine a-t-on voulu
les mettre à part. Mais la raison ne vaut pas pour l'ordonnance de 1380:
elle a été portée en présence du duc de Bourgogne sans doute, mais les
ordonnances de 1370 et 1376 étaient dans le même cas. Le plus vraisemblable
est que le début de l'ordonnance de 1370 reproduisant textuellement l'ordonnance de 1354 le scribe l'a mise de côté ainsi que les autres ordonnances
ducales. On a fait une exception pour l'ordonnance de 1380 qui contenait à
son début des dispositions sur l'appel qui semblaient pouvoir se raccorder
facilement aux dernières dispositions de l'ordonnance de 1354. Dans le registre JJ. 319 des Archives nationales de Paris, nous trouvons au contraire
les ordonnances dans leur ordre chronologique, 1370, 1376 et 1380.

(2) Voir p. 532.

rubriques latines, et qui va jusqu'au § 177, on suit un coutumier du type M¹, par ex. ms. F; et dans la seconde partie du § 177 à la fin : celle des rubriques françaises, on suit un coutumier du type M² plus complet que celui de Beaune, n° 25 *bis* (ms. E), et auquel on a ajouté un certain nombre de dispositions après les traités des fiefs et du gage de bataille.

C'est un nouvel argument en faveur de l'antériorité des manuscrits E et F au manuscrit C.

Tous ces coutumiers doivent leur apparition au vif mouvement de renaissance juridique encouragé par les ducs de Bourgogne de la seconde race qui se manifeste surtout depuis l'année 1370, date de la première tenue du parlement de Beaune par le duc Philippe le Hardi. Les nouveaux ducs sont impatients d'organiser leurs tribunaux sur le même pied qu'en France. La réglementation de la procédure leur tient à cœur. Leurs ordonnances qui bouleversent les prescriptions des anciens styles obligent à une refonte de tous les vieux coutumiers.

Il est vraisemblable qu'il faut également tenir compte de l'influence d'hommes comme Pierre d'Orgemont, conseiller du roi, Renaud de Corbie, Philibert Paillart (1), seigneur de Thorigny et de Lésy-sur-Ourc, tous présidents au Parlement de Paris, et qui furent appelés successivement en 1370, 1376, 1380 pour présider le parlement de Beaune. Nommons avec eux Jehan Canart, chancelier de 1384 à 1394 dont les ordonnances avaient attiré l'attention de ses contemporains.

On se mit donc à recopier et à amender les coutumes d'autrefois, en jetant de temps en temps un coup d'œil sur les usages du parlement de Paris (2), à mettre en ordre les vieilles ordonnances, à rassembler le plus grand nombre de dispositions sous des rubriques d'ensemble. Le point culminant de cet effort, à la fin du xive siècle est indiqué par le coutumier de Giraud.

Le coutumier de 1402 vint ensuite continuer le travail commencé par celui de Giraud : reproduisant les anciennes décisions, ajoutant de nouveaux recueils de jurisprudence aux anciens ainsi que de petits traités dogmatiques, enfin envelop-

---

(1) Palliot, *Hist. du parlement de Bourgogne*, p. 5.

(2) La similitude des traités du gage de bataille dans le *stylus curiae parlamenti* et dans le coutumier de Beaune n° 25 *bis* et le nom des présidents du parlement de Beaune autorisent cette insinuation.

pant le tout d'une glose de droit romano-canonique intéressante.

Nous examinerons plus tard en détail ce coutumier qui constitue de beaucoup le plus important des ouvrages de droit qui ont précédé et amorcé la rédaction des coutumes du duché de Bourgogne. Un tel travail ne rentre pas dans le cadre de notre étude actuelle. Nous ne nous étendrons pas davantage. Nous croyons en avoir dit assez pour permettre le maniement judicieux de la compilation de Bouhier et de ses sources. Arrivons enfin au but dernier de notre essai en donnant pour chaque article de la compilation l'indication précise des manuscrits dont il est sorti.

III. — SOURCES DE CHACUN DES ARTICLES DE LA COMPILATION DE BOUHIER

Les indications ci-dessous ont été prises dans le manuscrit de la Bibliothèque nationale (anciens petits fonds français, n° 25209). Elles émanent de Bouhier lui-même. Nous nous sommes contentés de les contrôler et de les corriger quand il y avait lieu. Bouhier indique les pages des manuscrits sources ; nous mettons entre crochets les paragraphes correspondants soit de la publication faite par Giraud du manuscrit de Dijon soit de celle que nous donnons nous-même du manuscrit de Montpellier à la fin de cette petite étude (1). Sont également entre crochets les quelques compléments que nous avons apportés au travail de Bouhier.

Dans une première colonne nous mettrons les titres et les paragraphes de la compilation de Bouhier.

Dans les seconde, troisième, quatrième et cinquième nous indiquons les passages des manuscrits de Beaune, Troyes,

---

(1) Nous avions d'abord établi pour le manuscrit A le renvoi aux paragraphes de la publication que nous comptons en faire sous peu. Mais, réflexion faite, nous avons reculé devant les inconvénients de citer un travail non encore paru, et qui peut subir certaines modifications précisément dans sa numérotation. Il suffira d'ailleurs d'établir une table des pages du manuscrit A, lors de sa publication, pour rendre les recherches très faciles.

Dijon et Montpellier qui sont passés dans la rédaction de l'article de la compilation cité dans la première colonne de gauche.

Enfin une sixième colonne contient les emprunts faits aux « coutumes anciennes », aux « coutumes éprouvées à Dijon et en toute Bourgogne » et aux *Consuetudines Ducatus*. Les deux premiers recueils ont été publiés par Perard dans son recueil, p. 360 et 345 et par Bouhier, dans ses *Coutumes du Duché*, édit. de 1747, pp. 159 à 162, 162 à 172; le troisième par Bouhier seul, *op. cit.*, p. 152 à 158. Ils appartiennent à peu près à la même époque (fin du xiiie siècle); nous avons cru pouvoir les rapprocher (1).

En note, l'on trouvera l'ordre primitif de la compilation qui a été presque toujours modifié après coup par le président et qui nous prouve, preuve d'ailleurs surabondante, que c'est bien l'ordre du manuscrit A qu'a suivi, de préférence, l'illustre compilateur.

Compilation de Bouhier. —	Ms. de Beaune n° 24 = A —	Ms. de Troyes n° 204 = B —	Ms. de Dijon (A. F. 216) = C —	Ms. de Montpellier, n° 386 = D —	Coutumes anciennes = CA; coutumes de Dijon et de toute Bourgogne = DB; Consuetudine Ducatus = CD —

TITRE PREMIER. — **Des coutumes.**

I.............	A. 59.				
II.............	A. 212.	B. 131.	C. 38 [§ 147].		DB. § 24.

TITRE II. — **De l'état et condition des personnes.**

III...........	A. 138, 202, 203.
IV...........	A. 138, 202.
V...........	A. 203.
VI...........	A. 202.

TITRE III. — **Des tutelles, Avoüeries et émancipations (2).**

VII...........	A. 198.	
VIII...........	A. 198.	
IX...........	A. 199.	CD. § 107.

(1) Bouhier désignait les coutumes anciennes sous le nom de « vieilles coutumes », les *consuetudines ducatus* sous celui de « coutumes latines ». Pour éviter les confusions nous préférons prendre les titres qu'il a donnés lui-même aux coutumiers dans sa publication, titres qui sont du reste ceux des manuscrits.

(2) L'ordre primitif a été interverti par Bouhier : les § étaient d'abord présentés dans l'ordre suivant : §§ 14, 15, 16; 17, 11, 7, 8, 9, 10, 13, 12, 18.

Compilation de Bouhier. —	Ms. de Beaune n° 24 = A —	Ms. de Troyes n° 204 = B —	Ms. de Dijon (A. F. 216) = C —	Ms. de Montpellier, n° 386 = D —	Coutumes anciennes=CA; coutumes de Dijon et de toute Bourgogne = DB; Consuetudine Ducatus= CD —
X............	A. 199.				CD. § 107.
XI...........	A. 195.				{CA. § 33 [§ 54 {CD. § 106.
XII..........	A. 195, 199.				CD. § 108.
XIII.........	A. 199.				
XIV.........	A. 100.				DB.§9,10,11,83, [cfr. CA.§5].
XV...	A. 200.				CA. § 5,54, DB, § 84, CD. § 1.
XVI.........	A. 87, 197.		C. 58 [213].	D. 121 [96].	
XVII........	A. 85, 100.	B. 130.	C. 37 [143].		DB. § 30.
XVIII.......	A. 196.				CD. § 46.

Titre IV. — **Des Bastards.**

XIX.........	A. 65.				
XX..........	A. 65.				
XXI.........	A. 64-65.		C. 53 [198].	D. 114 [69].	
XXII........	A. 140.		C. 53 [200].		

Titre V. — **De seigneurie et Justice** (1).

XXIII........	A. 140, 141.				
XXIV........	{A. 75, 115, 143, { 167,170,174.	B. 106.	C. 12 [37].		{CA. § 17, CD { § 34,38, [35].
XXV.........					CD. § 74.
XXVI........	A. 167.	B. 110.	C. 17 [57].	D. 124 [108].	
XXVII.......	A. 84.	B. 117.	C. 23 [84].		{CA. § 25, CD. { § 37 [38].
XXVIII......	A. 106.		C. 52 [194].		
XXIX..... ...	A. *ibid.*		C. 52 [195].		
XXX.........	A. 113.			D. 114 [66].	
XXXI........	A. 104, 105.		C. 94 [309].	D. 85 [1].	
XXXII.......	A. 86.	B. 112.	C. 19 [67].	D. 134.	
XXXIII......			C. 41 [160].		

Titre VI. — **Du privilège de cléricature.**

XXXIV......					DB. § 59.

Titre VII (2). — **Des gardes, sauvegardes et assuremens.**

XXXV........	A. 118.				
XXXVI......	A. *ibid.*				
XXXVII......	A. *ibid.* et 174, 175.				

(1) L'ordre primitif était 31, 32, 30, 29, 28, 23, 26, 27, 33, 25, 24.
(2) L'ordre primitif était 35, 36, 37, 38, 39, 43, 40, 41, 42.

Compilation de Bouhier.	Ms. de Beaune nº 24 = A	Ms. de Troyes nº 204 = B	Ms. de Dijon (A. F. 216) = C	Ms. de Montpellier, nº 386 = D	Coutumes anciennes = CA; coutumes de Dijon et de toute Bourgogne = DB; Consuetudine Ducatus = CD
XXXVIII.....	A. 64, 174, 175.				
XXXIX.......	A. 175.				
XL..........	A. 118.				
XLI.........	A. 119.				
XLII........	A. *ibid.*				
XLIII.......	A. 174.				

Titre VIII (1). — Des droits et cas réservez au duc de Bourgogne ou à ses officiers.

Compilation de Bouhier.	A	B	C	D	CA/DB/CD
XLIV........	A. 148.		C. 52 [191].		
XLV.........	A. 61.				
XLVI........	A. *ibid.*				
XLVII.......	A. *ibid.*				
XLVIII......	A. 62.				
XLIX........	A. 59.				
L...........	A. 61, 138, 161, 174.				
LI..........	A. 61, 118, 174.				
LII.........	A. 61.				
LIII........	A. 61, 115.				
LIV.........	A. 61.				
LV..........	A. 61.				
LVI.........	A. 173.		C. [220].		
LVII........	A. 60, 137.				
LVIII.......	A. *ibid.*				
LIX.........	A. 75.				

Titre IX (2). — Des fiefs.

Compilation de Bouhier.	A	B	C	D	CA/DB/CD
LX..........	A. 139.				
LXI.........	A. 139.				
LXII........	A. 139.				
LXIII (3)....	A. 139.				
LXIV........	A. 139.				
LXV (4).....	A. 139.				
LXVI........	A. 139, 142, 147.		C. [189].	D. 110 [54].	
LXVII.......	A. 142, 147.		C. 51 [189].		DB. § 102.
LXVIII......	A. 138.				
LXIX........	A. 202.				
LXX.........	A. 139.				
LXXI........	A. 139.				
LXXII.......	A. 146.		C. [187].		

(1) L'ordre ancien était le même sauf 54, 53.
(2) Ordre ancien : 60-72, 74, 78, 75, 76, 77, 79-86, 73.
(3) Je ne sais s'il ne faut pas « et non de service » (note de Bouhier)
(4) V. Dunod, *Hist. de Fr.-Comté*, t. 2, p. 294 (note de Bouhier).

Compilation de Bouhier. —	Ms. de Beaune n° 24 = A —	Ms. de Troyes n° 204 = B —	Ms. de Dijon (A. F. 216) = C —	Ms. de Montpellier, n° 386 = D —	Coutumes anciennes = CA; coutumes de Dijon et de toute Bourgogne = DB; Consuetudine Ducatus = CD —
LXXIII.......			C. 54 [201].		
LXXIV.......	A. 139, 140.				
LXXV (1).....	A. 140,142,144, 146.		C. 46, 49 [178], [184].	D. 93 [16], 96 [21 cfr. 20].	
LXXVI.......	A. 140, 145.		C. 48 [181].	D. 95 [19].	
LXXVII......	A. 144.		C. 47 [179].	D. 94 [17].	
LXXVIII.....	A. 143.	B. 106.	C. 12 [35, 36].		
LXXIX.......	A. 141.				
LXXX	A. 141.				
LXXXI......	A. 143, 146.	B. 106.	C. 11, 49 [33, 34, 183].	D. 96 [20], 137.	
LXXXII......	A. 147, 194.	B. 103.	C. 9, 51 [23], [190].	D. 114 [65], 124 [113].	
LXXXIII.....	A. 145.		C. 48 [183].	D. 95 [20].	
LXXXIV.....	A. 142.			D. 122 [103].	
LXXXV......	A. 142, 143.				
LXXXVI....			C. 50 [188].	D. 116 [74].	

TITRE X (2). — **Des cens, rentes et droits seigneuriaux.**

Compilation de Bouhier.	Ms. de Beaune = A	Ms. de Troyes = B	Ms. de Dijon = C	Ms. de Montpellier = D	Coutumes anciennes, etc.
LXXXVII.....	A. 176.	B. 104.	C. 10 [27].		CD. § 78.
LXXXVIII...	A. 176.	B. 105.	C. 10 [27 bis].		CD. § 79.
LXXXIX.....	A. 176.	B. 105.	C. 10 [28].		CD. § 80.
XC...........	A. 176.	B. 104.	C. 10 [26].		CA. § 41, CD. § 76.
XCI..........	A. 176.	B. 105.	C. 10 [29] (3).		
XCII.........					DB. § 114.
XCIII........	A. 88.				CA. § 45 CD. § 9.
XCIV........	A. 176.	B. 105.	C. 11 [30].		
XCV.........	A. 177.	B. 105.	C. 11 [32].		
XCVI........					CD. § 77.
XCVII.......					CD. § 81.
XCVIII......	A. 176.	B. 105.	C. 11 [31].		
XCIX........	A. 184.				
C...........	A. 185.				
CI..........	A. 183, 184.		C. [27].	D. 114 [70].	
CII.........	A. 173.		C. 62 [221].		
CIII........	A. 105.		C. 53 [196].	D. 96 [22], 116 [77].	
CIV........	A. 106.		C. 52 [195, cfr. 192, 193].	D. 116 [75].	
CV	A. 61.				

(1) Dunod, *Hist. de Fr.-Comté*, t. 2, p. 394 (note de Bouhier).
(2) L'ordre de Bouhier était 87-91, 93, 92, 94, 98, 95, 99, 101, 100, 102-107, 96, 97.
(3) Giraud n'a pas la négation.

Compilation de Bouhier. —	Ms. de Beaune nº 24 = A —	Ms. de Troyes nº 204 = B —	Ms. de Dijon (A. F. 216) = C —	Ms. de Montpellier, nº 386 = D —	Coutumes anciennes = CA; coutumes de Dijon et de toute Bourgogne = DB; Consuetudine Ducatus = CD —
CVI.........	A. 61.				
CVII.........	A. 62.				

Titre XI (1). — De la guerre et des duels.

CVIII........	A. 164.				
CIX..........	A. 167.	B. 110.	C. 16 [54], 62.	D. 105 [47].	
CX...........	A. 167.	B. 110.	C. 16 [55].		
CXI..........					CD. § 48.
CXII.........	A. 229.		C. [291].		
CXIII........	A. 217.		C. 72 [259,291].		

Titre XII (2). — Des hommes taillables, serfs et Mainmortables.

CXIV........	A. 186.				
CXV.........	A. 186.				
CXVI (3).....	A. 186.				
CXVII........	A. 186.				
CXVIII.......	A. 177, 186, 187.		C. 13 [40 *bis*].		
CIX..........	A. 187.				
CXX.........	A. 188.				
CXXI........	A. 188.				
CXXII........	A. 188.				
CXXIII.......	A. 188.				
CXXIV.......	A. 188.				
CXXV........	A. 188.				
CXXVI.......	A. 187.				
CXXVII......	A. 187.				
CXXVIII....	A. 187, 188.				
CXXIX.......	A. 188.				
CXXX........	A. 177.	B. 107.	C. 13 [41].		CA. § 55. Cfr. CD. § 29.
CXXXI......	A. 186.				
CXXXII.....	A. 186.				
CXXXIII....	A. 181.				
CXXXIV.....	A. 181.				
CXXXV.....	A. 177, 183, 184, 185.	B. 107.	C. 13 [40].		CA: § 40. CD. § 101 [102].
CXXXVI.....	A. 185.				
CXXXVII....	A. 185.				
CXXXVIII....	A. 181.				
CXXXIX.....	A. 184.				
CXL.........					CA. § 57.
CXLI........	A. 183.				

(1) L'ordre primitif : 108-110, 113, 112, 111.
(2) L'ordre ancien était 114-137, 144-155, 140, 139, 142, 143, 141, 138.
(3) V. Dunod, *Hist. de Fr.-Comté*, t. 2, p. 398 (note de Bouhier).

Compilation de Bouhier. —	Ms. de Beaune n° 24 = A —	Ms. de Troyes n° 204 = B —	Ms. de Dijon (A. F. 216) = C —	Ms. de Montpellier, n° 386 = D —	Coutumes anciennes = CA; coutumes de Dijon et de toute Bourgogne = DB; Consuetudine Ducatus = CD —
CXLII........	A. 178,184,185.	B. 107.	C. 14 [44],[294].		{CA. § 23. {CD. § 100.
CXLIII (1)....	A. 182.				
CXLIV.......	A. 183.				
CXLV........	A. 183.				
CXLVI.......	A. 178.		C. 14 [45].	D. 123 [106].	
CXLVII......	A. 177,185,188.	B. 107.	C. 13 [42].	D. 104[43],121, [99, 100].	
CXLVIII......	A. 203.				
CXLIX.......	A. 187.				
CL..........	A. 185, 186.				
CLI..........	A. 182.				
CLII.........	A. 182.				
CLIII........	A. 181.	B. 108.	C. 14 [46].		
CLIV........	A. 181, 182.				
CLV.........	A. 182.				

Titre XIII (2). — **Des sociétéz et partages.**

CLVI........	A. 190,192.	B. 98, 100.	C. 3, 6, [7, 19 note 1].		CA. § 37, CD § 58.
CLVII.......	A. 146.		C. 50 [186].		
CLVIII......					CD. § 34.
CLIX........					CD. § 99.

Titre XIV (3). — **Des droits apartenans à gens mariez.**

CLX.........	A. 195, 196.	B. 116.	C. 22 [79].		
CLXI........	A. 92.	B. 111.	C. 18, 62 [64], [224].	D. 105, [45]. 110 [56].	
CLXII.......	A. 196.				CD. § 41.
CLXIII......	A. 203.				
CLXIV......	A. 194, 204.		C. [21].		CD. § 59, 62.
CLXV.......	A. 203.				
CLXVI......	A. 194, 204.	B. 103.	C. 9 [22].		
CLXVII.....	A. 90, 192.	B. 100.	C. 6 [16, 48].		CD. § 18.
CLXVIII.....	A. 192,196.	B. 100.	C. 6 [16].		CD. § 42.
CLXIX......	A. 28.				CA. § 47.
CLXX.......	A. 137, 197.				
CLXXI......					CD. § 19.
CLXXII.....	A. 196.				CD. § 54, 55.
CLXXIII....	A. 190,191,195, 205.	B. 98, 99.	C. 4 [8, 11].	D. 89 [9].	CD. § 57, 60.
CLXXIV.....	A. 191.	B. 98.	C. 4 [10].		

(1) Dunod, *Hist. de Fr.-Comté*, t. 2, p. 399 (note de Bouhier).
(2) L'ordre primitif était 157, 156, 158, 159.
(3) Ordre primitif 160-168, 170, 172-174, 177, 178-182, 175, 169, 171, 176.

Compilation de Bouhier. —	Ms. de Beaune n° 24 = A —	Ms. de Troyes n° 204 = B —	Ms. de Dijon (A. F. 216) = C —	Ms. de Montpellier, n° 386 = D —	Coutumes anciennes = CA; coutumes de Dijon et de toute Bourgogne = DB; Consuetudine Ducatus = CD —
CLXXV.......	A. 196,199,200, 203.				CD. § 96.
CLXXVI.....					CD. § 63.
CLXXVII.....	A. 194.				
CLXXVIII....	A. 183.				
CLXXIX......	A. 190,191,196.	B. 98.	C. 4 [9, 8].		CD. § 55.
CLXXX	A. 198.				
CLXXXI.....	A. 189, 194.	B. 96.	C. 2 [3].		CD, § 15.
CLXXXII....	A. 195.				

Titre XV (1). — **Du doüaire.**

Compilation de Bouhier.	Ms. de Beaune = A	Ms. de Troyes = B	Ms. de Dijon = C	Ms. de Montpellier = D	Coutumes anciennes / DB / CD
CLXXXIII....	A. 188, 189.	B. 95.	C. 1 [1, 4].	D. 87 [4], 109 [53].	DB. § 34.
CLXXXIV....	A. *Ibid.* et 201.	B. 95.	C. 1 (?), 2 [2,4].	D. 110 [53].	DB. § 33.
CLXXXV.....	A. 197.				DB. § 23.
CLXXXVI...	A. 189,203,205.	B. 96, 97.	C. 2 [4, 6].	D. 88 [6], 109 [52],119[88].	CD. § 61.
CLXXXVII...	A. 180, 197.	B. 96.	C. 1 [2].	D. 89 [8], 103 [38].	
CLXXXVIII..	A. 190, 201.	B. 98.	C. [8].	D. 89[8].	
CLXXXIX....	A. 190,203,205.	B. 97.	C. 3 [6].	D. 87, 86 [5].	
CXC.........	A. 93. 189, 194, 201.	B. 96, 104.	C. 2, 9, 10 [3 et note 2, 24, 23].	D. 89 [10], 99 [31],102[35].	
CXCI........	A. 194.	B. 104.	C. [25].	D. 102 [35].	
CXCII........	A. 202.				
CXCIII.......	A. 202.				
CXCIV.......	A. 190,201,202.	B. 97.	C. 3 [5].	D. 89 [11].	CD. § 30.
CXCV........	A. 201.		C. [298].		

Titre XVI (2). — **Des achapts et ventes.**

Compilation de Bouhier.	Ms. de Beaune = A	Ms. de Troyes = B	Ms. de Dijon = C	Ms. de Montpellier = D	Coutumes anciennes / DB / CD
CXCVI........					DB. § 73.
CXCVII.......				D. 124 [112].	
CXCVIII.....					DB. § 102.
CXCIX........	A. 91.	B. 111.	C. 18 [62].		DB. § 27.

Titre XVII (3). — **Du retrait lignager.**

Compilation de Bouhier.	Ms. de Beaune = A	Ms. de Troyes = B	Ms. de Dijon = C	Ms. de Montpellier = D	Coutumes anciennes / DB / CD
CC...........	A. 134.	B. 113.	C. 20 [73].		CD. § 20.
CCI..........	A. 134.	B. 114.	C. 20 [73].		
CCII.........	A. 135.	B. 114.	C. 20 [73].		
CCIII........	A. 135.	B. 114.	C. 20 [73].		

(1) Ordre primitif 183-185, 187, 186, 188, 190-195, 189
(2) Ordre primitif 199, 196, 198, 197.
(3) Ordre primitif 200, 209, 208, 207, 201, 202, 203-205, 210, 206, 211, 215, 210, 213, 212, 214.

Compilation de Bouhier.	Ms. de Beaune n° 24 = A	Ms. de Troyes n° 204 = B	Ms. de Dijon (A. F. 216) = C	Ms. de Montpellier, n° 386 = D	Coutumes anciennes=CA; coutumes de Dijon et de toute Bourgogne = DB; Consuetudine Ducatus= C D
CCIV.........	A. 135.	B. 114.	C. 20 [73].		CA. § 4.
CCV.........	A. 136.		C. 90 [297].		CD. § 20.
CCVI.........	A. 135.	B. 114.	C. 20 [73].		
CCVII........	A. 136.			D. 99 [30].	
CCVIII.......	A. 134, 137.	B. 114.	C. 20 [73].		
CCIX.........	A. 134, 136.	B. 113.	C. 20 [73].	D. 90 [13].	
CCX..........	A. 136.		[305].	D. 90 [13].	
CCXI.........	A. 134, 135.	B. 114.	C. 20 [73].		
CCXII........					CD. § 21.
CCXIII.......	A. 137.				CD. § 23.
CCXIV.......					CD. § 22.
CCXV........	A. 135,114,115.		C. 21 [74].		
CCXVI........	A. 135.	B. 115.	C. 21 [75].		

Titre XVIII (1). — Des dettes et payemens.

Compilation de Bouhier.	Ms. de Beaune n° 24 = A	Ms. de Troyes n° 204 = B	Ms. de Dijon (A. F. 216) = C	Ms. de Montpellier, n° 386 = D	Coutumes anciennes=CA; coutumes de Dijon et de toute Bourgogne = DB; Consuetudine Ducatus= C D
CCXVII.......	A. 88.				CD. § 105.
CCXVIII......	A. 91.	B. 111.	C. 18, 63 [63].	D. 108. [226].	
CCXIX.......	A. 81.				
CCXX........	A. 88.	B. 112.	C. 18 [66].		{ CD. § 9. / C. A. § 45.
CCXXI.......	A. 112.				

Titre XIX. — Des donations entre-vifs.

Compilation de Bouhier.	Ms. de Beaune n° 24 = A	Ms. de Troyes n° 204 = B	Ms. de Dijon (A. F. 216) = C	Ms. de Montpellier, n° 386 = D	Coutumes anciennes=CA; coutumes de Dijon et de toute Bourgogne = DB; Consuetudine Ducatus= C D
CCXXII.......	A. 198.				
CCXXIII......	A. 199.				

Titre XX (2). — Des successions.

Compilation de Bouhier.	Ms. de Beaune n° 24 = A	Ms. de Troyes n° 204 = B	Ms. de Dijon (A. F. 216) = C	Ms. de Montpellier, n° 386 = D	Coutumes anciennes=CA; coutumes de Dijon et de toute Bourgogne = DB; Consuetudine Ducatus= C D
CCXXIV......	A. 195.				CD. § 56.
CCXXV.......					CD. § 31.
CCXXVI......					CD. § 32.
CCXXVII (3)..	A. 193,189,200, 203, 204.	B. 96,106.	C. 2 [4].	D. 109.	CD. § 26.
CCXXVIII (4).	A. 143, 200.	B. 106.	C. 12 [39].	D. 121 [101].	
CCXXIX (5)..	A. 193.	B. 101, 102.	C. 7 [20].	D. 106 [49].	[CA. § 32], [CD § 25].
CCXXX	A. 192, 193.	B. 101.	C. 7 [20].	D. 105 [49].	CD. § 98.
CCXXXI......	A. 193.	B. 102.	C. 8 [20 *in fine*].	D. 107 [50].	CD. § 98.
CCXXXII.....	A. 136.				

(1) Ordre primitif 217, 219-220, 218, 221.
(2) Ordre primitif 224, 227-228, 235, 238, 240. 239, 230, 233, 242, 241, 234, 229, 240, 225-226, il y avait deux numéros 240 ainsi 240, 241, 242 sont devenus 241, 242, 243.
(3) Dunod, *Hist. de Fr.-Comté*, t. 2, p. 204.
(4) Hotmann, *Franco-Gallia*, p. 61.
(5) Respectu ejudem linee semper loquitur, quia si haberet moriens diversas lineas, proximior portaret mobilia et acquestus (ces trois notes sont de Bouhier).

Compilation de Bouhier. —	Ms. de Beaune n° 24 = A —	Ms. de Troyes n° 204 = B —	Ms. de Dijon (A. F. 210) = C —	Ms. de Montpellier, n° 386 = D —	Coutumes anciennes = A; coutumes de Dijon et de toute Bourgogne = DB; Consuetudine Ducatus = CD —
CCXXXIII ...	A. 194, 200, 204.				
CCXXXIV....	A. 194.	B. 103.	C. 8 [21].	D. 108 [51].	
CCXXXV.....	A. 191, 196.	B. 99.	C. 5 [13].		CD. § 97.
CCXXXVI....	A. 191.	B. 99.	C. 5 [14].	D. 114 [67].	
CCXXXVII...	A. 192, 196.	B. 100.	C. 5 [15].		CD. § 24, 97. CA. § 14.
CCXXXVIII..	A. 191.	B. 99.	C. 5 [12].	D. 108 [52].	
CCXXXIX (1).	A. 192, 197, 198, 201.	B. 100.	C. 6 [17, 18].	D. 103 [39], 120 [95].	CD. § 25 [§ 32].
CCXL........	A. 197.				CD. § 27.
CCXLI.......			C. 8 [20 et note 1].		
CCXLII......	A. 195.	B. 113.	C. 19 [70].	D. 124 [111].	
CCXLIII.....	A. 160.				

Titre XXI (2). — Des cautionnemens et hypothèques.

CCXLIV.....	A. 88.				CD. § 45.
CCXLV	A. 159, 168.	B. 111.	C. 17 [61].	D. 105 [46].	
CCXLVI.....					CD. § 39.
CCXLVII....					CD. § 40.
CCXLVIII...				D. 120 [92].	
CCXLIX.....	A. 89.	B. 112.	C. 18 [65].	D. 118 [82].	
CCL....	A. 97.		C. 57 [211].		
CCLI........	A. 88, 147.				

Titre XXII (3). — Des actions, exceptions et prescriptions.

CCLII.......					CA. § 29. CD. § 53.
CCLIII......					CA. § 27 [CD § 38].
CCLIV.......			C. [132].		CA. § 24 [CD § 36].
CCLV					CD. § 44.
CCLVI.......	A. 94, 98.			D. 126 (4).	DB. § 39.
CCLVII......					CD. § 14.

Titre XXIII (4). — Des meubles et immeubles.

CCLVIII.....					DB. § 77.
CCLIX......					CD. § 64.

(1) La Thaumasière sur la Coutume de Paris, § 502 (note de Bouhier).
(2) Par suite du double n. 240. Il faut dorénavant augmenter d'un chiffre tous les numéros de Bouhier que nous donnons ci-après en note. Son ordre primitif était 243-244, 249, 250, 248, 247, 245, 246.
(3) Ordre primitif 251-253, 255, 256, 254, D. 126 = DB § 39.
(4) Ordre primitif 257, 259, 258, 260.

Cн.

Compilation de Bouhier. —	Ms. de Beaune n° 24 = A —	Ms. de Troyes n° 204 = B —	Ms. de Dijon (A. F. 216) = C —	Ms. de Montpellier, n° 386. = D —	Coutumes anciennes=CA; coutumes de Dijon et de toute Bourgogne = DB; Consuetudine Ducatus = CD —
CCLX........	A. 205.		C. 54 [203].		
CCLXI........					CD. § 65.

Titre XXIV (1). — Des bois, pâturages et rivières.

CCLXII........	A. 63, 103, 106, 107, 108.	B. 109.	C. 14 [47].	D. 124 [109].	CA. § 36. / CD. § 3.
CCLXIII.....	A. 63, 103, 107, 112.	B. 109.	C. 15, 63 [51, 225].		
CCLXIV......	A. 103.	B. 109.	C. 16 [52].		CA. § 22. / CD. § 2.
CCLXV........	A. 108.		C. [Cfr. 48].		
CCLXVI......	A. 165, 212.				
CCLXVII.....	A. 212.				
CCLXVIII....	A. 212.				
CCLXIX......	A. 165, 168.	B. 113.	C. 19 [71].	D. 124 [110].	
CCLXX........	A. 165.	B. 113.	C. 19 [72].	D. 97 [24].	
CCLXXI......	A. 103.	B. 109.	C. 15 [50].		CA. § 24 [CD § 21].
CCLXXII.....	A. 108.				
CCLXXIII....	A. 108.				
CCLXXIV....				D. 119 [89].	

Titre XXV (2). — Des bestiaux, cheptels et mesus.

CCLXXV.....	A. 170.		C. 53 [197]		
CCLXXVI....	A. 165.	B. 110.	C. 17 [59].	D. 113 [32].	
CCLXXVII...	A. 165,168,212.	B. 113.	C. 19 [71].	D. 24.	
CCLXXVIII..	A. 212.				
CCLXXIX....	A. 212.				
CCLXXX.....	A. 111.				

Titre XXVI (3). — Des titres, sermens, preuves et enquestes.

CCLXXXI.....	A. 92.	B. 130.	C. 36 [142].		
CCLXXXII...		B. 129.	C. 35 [133,134].		CA. § 9, 19, 50 [11, 12]. / CD. [5, 6]. / DB. § 37, 38.
CCLXXXIII..	A. 133.	B. 133.	C. 40 [156].		DB. § 25.
CCLXXXIV...					CD. § 110.
CCLXXXV....					CD. § 8. / [CA. § 20].

(1) Ordre primitif 261-262, 270, 263, 265, 271-272, 264, 266, 267, 269, 273, 268
(2) Ordre primitif 274-275, 279, 276-278.
(3) Ordre primitif 280, 286, 281, 304-305, 287, 282, 291, 288-289, 292-293, 295-299, 301, 300, 294, 302, 290, 284, 303, 285, 283.

Compilation de Bouhier. —	Ms. de Beaune n° 24 = A —	Ms. de Troyes n° 204 = B —	Ms. de Dijon (A. F. 216) = C —	Ms. de Montpellier, n° 386 = D —	Coutumes anciennes=CA; coutumes de Dijon et de toute Bourgogne = DB; Consuetudine Ducatus = CD —
CCLXXXVI...					CD. § 52. [CA. § 9].
CCLXXXVII..	A. 212.		C. [146].		CA. § 9, 19, 50. DB. § 37, 38.
CCLXXXVIII.	A. 87.				
CCLXXXIX...	A. 94.		C. 28 [104].		DB. § 17. CD. § 93.
CCXC........	A. 94.		C. 28 [104].		
CCXCI........		B. 133.	C. 40 [155].		
CCXCII.......	A. 84, 94, 95.		C. [135, 111].		DB. § 18, 43, 57.
CCXCIII......	A. 94.	B. 122.			
CCXCIV......	A. 94.	B. 122.	C. [296].		· CD. § 10 [2].
CCXCV.......	A. 95.	B. 123.	C. 29 [109,148].		CA. § 53. DB. § 39. CD. § 10.
CCXCVI......	A. 94.	B. 122.	C. 28 [105].		CA. § 35. DB. § 15. CD. § 109.
CCXCVII.....	A. 94.	B. 122.	C. 28 [106].		DB. § 14.
CCXCVIII....	A. 180.				
CCXCIX......	A. 94.	B. 122.	C. 28 [107].		CA. § 51.
CCC..........	A. 94.	B. 123.	C. 28 [108].		CA. § 52.
CCCI.........	A. 95.		C. 29, 92 [112, D. 98 [27]. 306, 312].		CA. § 8. CD. § 87.
CCCII........					DB. § 60.
CCCIII.......					DB. § 58.
CCCIV.......					CD. § 11.
CCCV........	A. 167.	B. 109.	C. 16 [53].		DB. § 45, 46.
CCCVI.......					DB. § 44.

TITRE XXVII. — **Des contracts passez sous le sçel du Prince.**

CCCVII......	A. 92.	B. 132.	C. 39 [151].	D. 118 [81].	DB. § 78.
CCCVIII.....	A. 93.				
CCCIX.......	A. 93.	B. 132.	C. 39 [152].		

TITRE XXVIII (1). — **De saisine, possession et récréance.**

CCCX........	A. 114.				CD. § 83.
CCCXI.......	A. 114, 192.	B. 100.			CD. § 83.
CCCXII......	A. 192.	B. 100.	C. 6 [17].		
CCCXIII.....	A. 101.		C. [308, 307].	D. 100 [32], 112 [62].	
CCCXIV.....	A. 103, 108.	B. 118.	C. 24 [89].		DB. § 40. CD. § 82.

(1) Ordre primitif 312, 314, 309-310, 313, 311, 316, 315.

Compilation de Bouhier. —	Ms. de Beaune n° 24 = A —	Ms. de Troyes n° 204 = B —	Ms. de Dijon (A. F. 216) = C —	Ms. de Montpellier, n° 386 = D —	Coutumes anciennes=CA; coutumes de Dijon et de toute Bourgogne = DB; Consuetudine Ducatus= CD —
CCCXV.......	A. 102, 115.				CA. § 38.
CCCXVI					CD. § 16.
CCCXVII	A. 84.	B. 116.	C. 22 [81].		

Titre XXIX (1). — Des procédures judiciaires.

CCCXVIII.....					CD. § 43 [§ 48]
CCCXIX.......	A. 86.	B. 134.	C. 41 [159].		DB. § 28.
CCCXX.......	A. 85.				CD. § 53.
CCCXXI......	A. 86.	B. 134.	C. 41 [158].		
CCCXXII....,	A. 86.	B. 117.	C. 23 [86].		
CCCXXIII....	A. 86.	B. 116.	C. 22 [80].		
CCCXXIV.....					DB. § 29, 62.
CCCXXV......	A. 98.				DB. § 1 et suiv. § 35. CD. § 90, § 91, 92.
CCCXXVI.....	A. 138, 143.	B. 106,	C. [38, cfr. 301].		CA. § 16. CD. § 89.
CCCXXVII....	A. 135.		C. [305].		CD. § 95.
CCCXXVIII...	A. 99, 166.				
CCCXXIX.....	A. 97.				
CCCXXX.....					CA. § 6. CD. § 85.
CCCXXXI..,.	A. 86.	B. 116.	C. 22 [80].		
CCCXXXII....	A. 97.				CD. § 92.
CCCXXXIII...	A. 100, 114.	B. 117.	C. 23 [88].		
CCCXXXIV...					CA. § 3. CD. § 51.
CCCXXXV....			C. [228].		CA. § 13. DB. § 26. CD. § 88] [cfr. 91].

Titre XXX (2). — Des jugemens et appellations.

CCCXXXVI...	A. 85.				
CCCXXXVII..	A. 84.	B. 117.	C. 23 [85].		CA. § 26.
CCCXXXVIII.					CD. § 103.
CCCXXXIX...	A. 85.		C. 89 [295].		CA. § 28. DB. § 111. CD. § 68.
CCCXL......					CA. § 30. CD. § 69.

(1) Ordre primitif 318-320, 323, 321, 324, 328, 325-327, 334, 333, 329, 331-332, 322, 330, 317.
(2) Ordre primitif 336, 335, 338-339, 341, 340, 342, 350, 346, 345, 344, 343, 352, 351, 356, 353, 359, 358, 354, 348-349, 347, 355, 357, 337.

Compilation de Boulier. —	Ms. de Beaune n° 24 = A —	Ms. de Troyes n° 204 = B —	Ms. de Dijon (A. F. 216) = C —	Ms. de Montpellier, n° 386 = D —	Coutumes anciennes=CA; coutumes de Dijon et de toute Bourgogne = DB; Consuetudine Ducatus= CD —
CCCXLI......	A. 128.	B. 121.	C. 27 [99, cfr. 295].		CA. § 44. / CD. § 71.
CCCXLII.....	A. 128.		C. 26 [97].		CA. § 31. / CD. § 70.
CCCXLIII.....	A. 128.	B. 121.	C. 27 [102].	D. 105 [48].	CA. § 1, 46. / CD. § 67, 72.
CCCXLIV.....	A. 127.	B. 119.	C. 25 [93].		
CCCXLV	A. 125.				
CCCXLVI.....	A. 129, 131.	B. 119.	C. 24 [91].		
CCCXLVII....	A. 128.	A. 121.	C. [101].		
CCCXLVIII...				D. 112 [60].	
CCCXLIX.....	A. 132.				
CCCL.........			C. 24 [90].		
CCCLI........	A. 128.	B. 122.	C. 27 [99] [103].		DB. § 85.
CCCLII.......	A. 102, 127.	B. 120.	C. 26 [96].		
CCCLIII......	A. 127.	B. 120.	C. 25 [95].		
CCCLIV	A. 127.	B. 119.	C. 25 [94].		
CCCLV.......	A. 132.	B. 117.	C. 23 [87].		
CCCLVI......					CD. § 73.
CCCLVII.....	A. 127,132,167.	B. 112, 113.	C. 19 [68, 69].	D. 121 [97].	CA. § 18. / CD. § 12.
CCCLVIII....					CD. § 104.
CCCLIX......	A. 128, 129,132.	B. 121.	C. 26 [98].	D.121,122[102].	
CCCLX.......	A. 124.				

Titre XXXI. — Des saisies et exécutions.

CCCLXI......	A. 112.				DB. § 47.
CCCLXII.....	A. 112.				
CCCLXIII....					CA. § 15. / CD. § 4.
CCCLXIV.....	A. 87, 112.		C. [213].		
CCCLXV......					DB. § 96.
CCCLXVI....	A. 112.				
CCCLXVII...	A. 85, 112.		C. 89 [293].		
CCCLXVIII...	A. 111.		C. 58 [212].	D. 90 [12].	

Titre XXXII. — Des usuriers et Juifs.

CCCLXIX.....	A. 62.
CCCLXX.	A. 62.
CCCLXXI.....	A. 62.
CCCLXXII....	A. 62.
CCCLXXIII...	A. 63.

Compilation de Bouhier.	Ms. de Beaune n° 24 = A	Ms. de Troyes n° 204 = B	Ms. de Dijon (A. F. 216) = C	Ms. de Montpellier, n° 386 = D	Coutumes anciennes=CA; coutumes de Dijon et de toute Bourgogne = DB; Consuetudine Ducatus= CD
—	—	—	—	—	—

Titre XXXIII (1). — Des délits, peines, amendes et confiscations.

Compilation de Bouhier.	A	B	C	D	CD
CCCLXXIV....	A. 65.				
CCCLXXV.....	A. 168.	B. 110.	C. 17 [60].	D. 113 [64].	
CCCLXXVI...	A. 62, 158.				
CCCLXXVII..	A. 162.				
CCCLXXVIII.	A. 169.				CD: § 47.
CCCLXXIX....	A. 162.		C. 64 [229].		
CCCLXXX....	A. 163, 172.				
CCCLXXXI...	A. 167.				
CCCLXXXII..	A. 168.				
CCCLXXXIII..	A. 168.				
CCCLXXXIV..	A. 60.				
CCCLXXXV..	A. 159.				
CCCLXXXVI.	A. 159.				
CCCLXXXVII.	A. 62.				
CCCLXXXVIII					CD. § 17.
CCCLXXXIX..	A. 163.				
CCCXC........	A. 163.				
CCCXCI.......	A. 164.	B. 108.	C. 15 [49].	D. 97 [25].	
CCCXCII......	A. 168.				CD. § 13, 50.
CCCXCIII.....	A. 170.				CD. § 49.
CCCXCIV.....	A. 168.				
CCCXCV......	A. 164.				
CCCXCVI.....	A. 163.				
CCCXCVII....	A. 160.				
CCCXCVIII....	A. 64, 171.		C. 54 [202].		
CCCXCIX.....	A. 164, 171,201.		C. 54 [202].		
CD..........	A. 64, 167.	B. 110.	C. 17, 53 [58, 199].		
CDI.........	A. 166,177,184, 187.	B. 107.	C. 13 [43].	D. 114 [68].	CD. § 66.
CDII.........	A. 163, 164.				
CDIII........	A. 159.				

(1) Ordre primitif, 391, 390, 373-379, 389, 380, 388, 381-382, 392-393, 402, 383, 393-394, 395-396, 398, 401, 403, 384, 385, 386, 387.

UN NOUVEAU MANUSCRIT

DES

« COUTUMES ET STYLES DU DUCHÉ DE BOURGOGNE »

Une récente communication (1) nous met sur la trace d'un nouvel exemplaire des coutumiers du duché de Bourgogne de l'époque des derniers ducs. Il porte les n°s 353-380 à la bibliothèque de Dôle, ou plutôt les portait, car il est aujourd'hui disparu et seule une notice manuscrite du catalogue nous renseigne sur son contenu. Elle nous apprend que l'ouvrage, copié sur la fin du xve siècle et signé J. Tabary, avait été, une première fois, avant 1823, distrait par un emprunteur infidèle. Il fut reconnu plus tard et revendiqué par la bibliothèque ; elle se le fit rendre par un détenteur qui fut, nous semble-t-il, le propre rédacteur de la notice (2). Toujours est-il que la bibliothèque ne profita pas longtemps de cette retrouvaille : le volage manuscrit disparut à nouveau ; c'était déjà fait quand Ulysse Robert rédigea en 1879 son inventaire sommaire (3).

Heureusement la notice renferme une description détaillée des pièces contenues dans le manuscrit. On la trouvera fidèlement résumée par M. Jules Gauthier dans le t. XIII du catalogue général des manuscrits des bibliothèques de France, (Paris, 1891), ce qui nous dispense de la reproduire ici. Il nous suffit d'y renvoyer. Si l'on s'y reporte et si l'on compare la description du manuscrit manquant de Dôle avec celle que

(1) Que nous devons à l'obligeance de M. Olivier Martin.

(2) La notice se termine ainsi : « Le hasard nous en ayant procuré l'acquisition en 1823, nous avons dû en faire don à la bibliothèque de Dôle ».

(3) Dans l'inventaire d'Ulysse Robert, p. 305, chacune des pièces du manuscrit porte un n° différent : ce qui explique pourquoi le manuscrit manquant de Dôle porte encore actuellement 27 numéros (353-380) au lieu d'en porter un seul.

nous fournissons (Voir *suprà*, p. 22), de celui du carton 2, cote 45 de la bibliothèque de Beaune, l'on constatera sans peine une parfaite identité de contenu (1).

Ce sont exactement les mêmes pièces, disposées dans le même ordre. On retrouve dans le manuscrit dolois la même erreur que dans celui de Beaune : l'ordonnance de 1306 est datée inexactement de 1370; même le rédacteur de la notice s'est demandé s'il n'y avait pas là une ordonnance inédite, peut-être « particulière au duché de Bourgogne » ? et l'a recopiée intégralement.

M. Jules Gauthier plus bref s'est contenté de faire suivre la mention de l'ordonnance de 1370 du mot : (inédite?).

Le manuscrit dolois au point de vue matériel ne contenait donc aucune pièce dont nous n'ayons déjà connaissance. Le seul point qui puisse nous intéresser à son sujet, est de savoir quel rapport l'unit au manuscrit de Beaune. Sont-ils tous deux copiés sur un même original, ou sont-ils copiés l'un sur l'autre?

Il est difficile de donner une réponse précise en l'absence du manuscrit; néanmoins en faveur de l'antériorité du manuscrit Beaunois on peut relever certains indices :

a) D'abord la notice nous indique que le ms. de Dôle est copié sur la fin du xve siècle ; or nous savons que celui de Beaune est antérieur : toutefois rien ne nous indique que la notice ne se soit pas trompée, car à la fin du xve siècle l'on avait des coutumes officielles en Bourgogne et l'on ne recopiait plus guère les vieux coutumiers.

b) Ensuite la comparaison, faite par nous, du texte dolois et du texte beaunois de la pseudo-ordonnance de 1370 nous a prouvé que le 1er texte est un peu plus fautif que le second : mais cela ne tient-il pas à l'inexpérience du rédacteur de la notice?

c) Enfin, en face de chacune des pièces contenues dans les manuscrits il y avait un numéro d'ordre qui nous paraît contemporain de l'époque de l'établissement de ceux-ci. Dans le ms. beaunois cette numérotation est assez fautive; il y a des

---

(1) Nous avons pu faire cette comparaison sur le manuscrit beaunois lui-même en nous servant d'une copie *in-extenso* de la notice que le bibliothécaire de Dôle, M. Quintard, a eu l'amabilité de faire pour nous.

pièces non numérotées et un double n° 22. Par contre dans le ms. dolois la numérotation est exacte. C'est un petit indice, mais il nous semble qu'il y a bien des chances pour que le manuscrit mal numéroté soit antérieur à l'autre.

En résumé le manuscrit manquant de Dôle est une reproduction fidèle, peut-être une copie du manuscrit du carton 2 cote 45 de la bibliothèque de Beaune; vraisemblablement il a été établi à peu près vers la même époque.

LE

COUTUMIER BOURGUIGNON DE MONTPELLIER

Nous publions ici deux recueils bourguignons trouvés dans un même manuscrit. Le premier est intitulé : « Ce sunt costumes gardées et approvées en la duchié de Borgoine » ; le second : « Ce sunt pluseors costumes de Borgoigne et plusours autres choses qui sunt gardées et faites et dites en pallement ». Ces deux ouvrages nous paraissant composés à peu près en même temps, dans le but de simplifier la liste déjà si abondante des coutumiers bourguignons, nous avons cru pouvoir leur donner à tous deux le titre général de « Coutumier bourguignon de Montpellier » et établir une seule série de paragraphes ; néanmoins il sera facile à qui voudra en faire une étude indépendante de séparer ce que nous avons uni artificiellement.

Sur le premier recueil nous n'avons que peu à ajouter à ce qui a été dit à propos de la description du manuscrit H. 386 de la bibliothèque Universitaire de Montpellier (Voir *suprà*, p. 27 et s.). Le tableau qui a été donné des sources d'un coutumier dit du type M. (Voir *suprà*, p. 35) pourra également se consulter utilement. Enfin pour se former une idée des procédés de composition de ces « costumes », l'on pourra se servir des indications fournies et par le coutumier de Jehan Vacheret et par les articles géminés que l'on trouve en assez grand nombre dans Vacheret et plus rarement ici (1). Quant au second recueil, on pourrait se demander si, comme semble l'indiquer son titre, par le mot « pallement » il n'entend pas les usages du parlement de Paris plutôt que ceux du parlement de Beaune.

---

(1) Mon savant collègue de la faculté des lettres, M. Stouff, ayant l'intention de publier sous peu une étude du coutumier de Jehan Vacheret nous croyons inutile d'insister sur ce point.

Dans ce sens on releverait ce qui est dit dans le § 160 : « *inqueste facte per pallamèntum non publicantur partibus* ». La non-publication de l'enquête était un usage admis par le parlement de Paris peu de temps après la mort de saint Louis en 1276 (Guilhiermoz, *Enquêtes et procès*. Paris, Picard, 1892, in-8°, p. 73 et 74) ; au contraire en Bourgogne la publication avait lieu comme nous le prouvent les §§ 109 et 148 du coutumier de Giraud reproduisant un article d'une ordonnance bourguignonne de 1380 (Sur ce point voir Maurice Guillemard, *L'enquête civile en Bourgogne*. Dijon, 1906, p. 76 et 77) auquel il faut ajouter le § 27 du premier coutumier. Il faut donc admettre ou bien que l'on reproduit ici les usages du parlement de Paris (1) ou bien que notre second coutumier est un peu antérieur au premier et que les pratiques du parlement de Beaune ont changé entre 1314-1334 et 1380. Ce qui aurait pu se produire à l'occasion du grand mouvement de désapprobation engendré vers notre époque par les nouvelles pratiques de la royauté (Viollet, *Histoire du droit politiq. de la Fr.*, t. II, p. 237 et ss.; Petit de Vausse, *Hist. des ducs de Bourg.*, t. VII; p. 23 et s.).

On pourrait peut-être invoquer en faveur de la seconde opinion le § 20 de la charte aux bourguignons du 1er mai 1315, « *De inquestis vero in curiâ nostrâ factis, partibus petentibus copiam integre fieri, juxta juris formam, suis sumptibus fieri volumus, nisi circa hoc consuetudines antiquae, quas allegantes probare tenebuntur, in contrarium sint obtente* (Recueil des édits, Déclarat., ... concernant l'administration des États de Bourgogne. Dijon, 1784, 1, p. 26)? Dans ce cas, il faudrait faire remonter notre second coutumier un peu avant le 1er mai 1315, et placer le second postérieurement à cette date.

Au point de vue du fond du droit l'on remarquera les nombreuses dispositions qui prouvent l'introduction récente dans le duché des actions possessoires, celles qui ont trait au douaire, aux successions, à la distinction du droit réel et du droit personnel (§ 13), à la preuve, etc.

---

(1) Qu'il y ait des emprunts faits aux usages de France, il est impossible de le nier : car nous trouvons dans les §§ 119, 125, 129 des allusions à la mainmise du roi. Au § 129 le scribe s'en est même aperçu et après avoir parlé de la main du roi, il ajoute aussitôt la mention de celle du duc, « mein le roi ou le duc ». Au § 146, on parle également d'une espèce qui touche

I. — Ce sunt costumes gardees et approvees en la duchie de Borgoine.

1 (1) [p. 85]. — Se aucuns est en saisine paisible davoir forches en aucun leu et appres celes forches chisent por foibletey
ou por voillesce ou por vant, Ja soit ce que il se soffroit par
plusourz anees dou refaire, por ce ne pert il pas sa possession
ne sa saisine mas porra refaire les forches quant il li plaira et
quant cas hi avindra. Quar an cest cas il ne fait point de novele-
tey ne naquiert pas nouvele saisine, mas retient lanciene sauf
le droit d'autrui an la propriété. Et ce est a antandre ou cas ou
autres nauroit pas usez de saisine paisible en cest leu ou en
tans moien. Quar an tel cas li premiers auroit perdue sa saisine et saroit aquise au seigneur. Et ce fut pronuncie par arest
en la persone monseigneur Hugue de Vaux qui havoit cessey
de redrecier ses fourches par XXV anz et puis si les refit. Et
li Chasteleins de Semur li ampoichoit por Monseigneur le duc.
Et fust pronunciez par arest que li ampoichemanz fuest ostez
sauf le droit mon Seignour la proprietey. Cause dapel est.

2. — Mes-sires Guillemes de Macellois avoit apeley a monseigneur le duc contre maistre G. curie de Chandoce de lau-
diance dou vien et dou chapistre Aostun. Por raiso[n] dum
memoriaul que li diz Viens et chapistres [p. 86], havient saele
contre sa volutey, qui ne contenoit pas verai proces si comme
il disoit. Il li fut arestez par le consoil monseigneur, et puis
appres si fut pronunciez par les auditours des causes des
apeaux que li apeaux estoit mauvaiz.

De faire defaut a iugement.

3 (2). — Se aucuns, la demande faite en iugemant, fait troiz
deffaux et puis appres et aiornez por descorper les III deffaux
au aucuns dels, l'on doit pronuncier ancontre luy par vertuz

l'évêque de Reims et qui n'a certainement pas été décidée dans le duché.
Néanmoins le coutumier a été composé pour la Bourgogne comme le prouvent et le titre général, et la mention du duc faite au § 129, et l'indication
d'un usage de fiefs propre à la Bourgogne au § 138.

(1) Giraud, § 309.

(2) Giraud, § 31.

des diz deffaux sus possession : Quar il doit perdre la possession de la chouse demandee sauf le droit de la proprietey. Toutes
voiez doit estre premierz aiournez a hoir droit sur les diz deffauz. Et ce est a antandre lan ou li deffaut sunt fait devant an-
tammement de plait (1) ; quar appres plait antamey lon ne doit
nule foiz iugiér a perdre la possession por la vertu de deffaux.
La raison si est cele : quar puiz lantammemant dou plait li iuges
puet pronuncier et iugier sus lou principaul (2) : quar puiz lantammemant dou plait lon puet traire tesmoiz en labsence de
partie toutes voie suffisamment aiornee iusques a la sentance
randre, et pronuncier la dite santance absolutoire ou condem-
pnatoire en labsence de partie. Et por ce il ne doit riens pronuncier par la vertu des deffaux en aiugent possession a partie (3)
quar il puet terminer le principaul par santance diffinitive. Ce
fut acordey et arestey par le consoil monseigneur et fuit pronuncie en la persone Jhean [p. 87] de seint Burri qui se voloit
aidier de defaux que missire G. de Macellois avoit faiz puiz
lantammement dou plait, et puiz ce que iourz havoit estey
doneiz de publier les tesmoinz.

De douaire de fammes.

4 (4). — Le mari mort, la famme seurvivant prant son
douaire des biens dou mari mort segout lusaige de la costume
de Borgoigne.

Laquele costume est tele : quelle panra son douaire an tout
laretaige de son mari dou quel il estoit tenanz et possidanz au
tans quil ala de vie a mort. Et ce a entandre ou cas ou li mariz
ne li aroit fait douaire devis ; quar se ses douaires estoit devis
ele panroit le douaire devis se li douaires devis ne surmontoit
[la moictie] des biens dou mari ; quar en la suermonte ne panroit ele riens par cause de douaire. Et en ceste maniere fuit il
pronuncie en la cause de la famme monseigneur G. Seigneur de
Marigney, fille monseigneur G. de Mi pont mort. La quele
famme li diz sire de Marrigni havoit douee de la moitie de touz
ses biens et outre cen dou chastel et des fiez de Marigney.

(1) Giraud remplace le mot « entamement de plait » par litis contestation.
(2) Ligne passée dans Giraud.
(3) La fin manque dans Giraud.
(4) Giraud, § 1.

Pronuncie fut que la dicte dame auroit la moitie des diz biens
don Chastel et des fiez por son douaire et non plus.

De douaire done dou pere au fil.

5(1). — Aucune foiz avient que li peres marie son fil et promet
certain douaire a la famme son fil ; en ce cas le fil mort la famme
dou dit fil puert reque [p. 88] rir son douaire qui li est promis
si li peres vit qui promit. Et se li peres est morz, ele le deman-
dera es hoirz de li ou cas ou ele na enfanz de son dit mari. Et se
ele an ba enfanz ele le panra sur la partie a ses enfanz et non
pas sur les autres hoirz comme bien quil soit haud hanz.promis
dou pere. Et ce est ce que lon dit vulgaument em Borgoigne
que li mere prant biens on son douaire sus ses anfanz : laquel
chouse lon antant « soit promis dou pere ou non ». Et enteil
maniere fut pronunciez des hoirz, Guy Bauduin et de cecilete
famme son fil a la quele (dame) li diz G. havoit promis certain
douaire. Elle le prist sur sa fille.

Deschoites de pluseus anfanz.

6 (2). — Se aucunz hay anfanz de sa famme, et sa famme muire
et il pranne la secunde famme, et hoit enfanz de la secunde
famme qui vit, et il muiere ; li enfant de la premiere famme
morte male et cilz de la secunde qui vit, vindront huigaument
par moitie a la succession de lour dit pere ; et la famme survivant panra son douaire tant soulement sus la partie de ses
enfanz. Et auxi en cest cas ai lon ce que on dit vulgaulmant en
Borgoigne que li famme prant son douaire surz ses anfanz.

De douaires et deschoites de pere et de mere.

7 (3). — Il avient aucune foiz que li peres marie son fil et promet certein douaire a la famme son fil en certein leu, et en cest
cas le marimort li famme doit panre son douaire en cest dit leux
se ce diz leux vient au partaige de ses diz anfanz. Et sil ni vient
sil li pan [p. 89] ra ele, mas de tant comme ele panra sur la partie es autres heritiers. Sui propre anfant saront tenu de faire

(1) Cfr. 52, 6, 88 ; Giraud, § 6.
(2) Cfr. 53, 6, 88. — Cfr. Giraud, 6 et 4.
(3) Giraud, § 6.

recompensacion es autres heritez chascun an durant le douaire.
Et ce fut pronunciez es persones desusdictes.

Des biens communs.

8 (1). — Le mari mort, la famme qui ha la mities des biens
por raison de douaire puet requerir que ses douaires li soit
devis, et li hoir sunt tenu de faire la divisiou et ele panra, ou
ele la fera et il panront. Et ou cas ou il ne voudroient faire
la division ne panre lour partie de la divisiou que la famme
hauroit faite dedanz certein terme mis dou iuge, elle porra es-
lire et retenir la quele des parties quele voura de celes que ele
haura faites por li. Et ce fut pronuncie entre les hoirz dou
seigneur de Rosillon et les hoirz doudit seignenr.

Des aquez de famme et de mari.

9 (2). — Item le mari mort, la famme prant la moitie es
aquez de son mari segont la costume generaul de Bourgoigne
ja soit ce que en aucunz leus certeins costume especialx soit
contraire, et en ce cas ouquel ele prant la moitie de laquest,
ele ne puet panre douaire an lautre moitie de laquest. Et cen
est ce que lon dit vulgaulment : en Bourgoigne famme ne puet
pas panre ansamble douaire en laquest en la chouse acquise.

De douaire de famme touz franz.

10 (3). — Item la famme prant son douare tout franc sanz
debtes paier se ele ne se antremest de moubles.

De ce cas.

11 (4). — Item la famme ne puet aliener ne mettre en autrui
[p. 90] main son douaire; et si ele le fait, li heretez hi puet
assemner.

De gaigehure de bestes menues ou groses.

12 (5). — Si aucuns fait gaigier son debtour de bestes, il
puet tenir les bestes VII jourz ; luiteime iour il les puet vandre

(1) Vacheret, § 9; Giraud, § 2.
(2) Cfr. Giraud, § 8 et 11.
(3) Giraud, § 3.
(4) Giraud, § 5.
(5) Giraud, § 212.

se il est iourz de marchie en la vile ou les bestes sunt. Et les
doit vandre en la vile proucheine ou li marchiez est. Et se ce
non, il puet et doit atande le premier marchie; et lors les doit
et puet vandre. La quel chouse auxinc faite, li debtourz qui a
estei gaigiez a droit paiera toutes les poutures et les gaigoisons.
Et se cilz qui ha fait gaigier les retarde a vendre outre lou
terme desus dit, danqui en avant il paiera toutes les poutures.
Ce fut prouuncie par le seigneur de Mont-Seint Juhan contre
labey de Flavignei.

De racheter aucun vandaige.

13 (1). — Se aucuns prouchains de lignaige vuet racheter
la chouse vandue de son prouchain il puet le faire segont la
généraul costume de Borgoigne. Et lors il doit presenter les
deniers de la chouse vandue dedanz lan et le iour. Ja soit ce
quen aucuns leux espeicial hait moins de terme. Et vaut la pre-
sentacions ia soit ce quele ne soit faite en iugement puiz que il
puet estre provez. Et se il fait aiorner lacheteour dedanz lan et
le jour compei dou tamps de la chose vandue, il naura pas iour
despansement ne iour de vahue; mas se auxinc estoit que la
presentacion faite dedanz lan et le jour, il fiest aiorner lacheteour puiz lan et le jour, il hauro it [p. 91] jour de vehue et
dapansemant Ce fuit pronuncie an la persone labey de S^t-
Benigne et Monseigneur Simon d'Auxois.

De possession dusaige.

14. — Li habitant de Flamerant disoient quil estoient an possession duser ou bois de Flamerant de X anz, de XX anz, de
XL anz et de tant de tanz quil sofisoit a teneure. Suz ce il ame-
nerent tesmoins, li procureur monseigneur trahit tesmoins ancontre. Li tesmoins des diz habitantz, hont bien deposee lan-
tancion des diz habitanz, li tesmoins monseigneur hont deposey
que ou tens ou quel li habitant provent lor saisine de lusaige
que cilz de cui misire ha cause et les genz monseigneur ont
pris appres cels qui husoient ou dil bois et levees amendes
daux, et hont iugees les dictes amendes; et ce hont desposey
iusques deis II anz ancay. Et an tel manere li dit habitant ont

---

(1) Cfr. Giraud, § 73.

provee lor saisine des II darienes annees des quels missire ne
prove point dampoichement. Il fut acordey par la plus grant
partie dou consoil que li habitant demorient en lour saisine
por raison des II darienes annees et que missire propossoit
negatoire contre aux : quar segont ce qui est desus dit, il
charont en la negatoire se il ne provent titre. Puiz appres lon
dit auseigneur Dauvilles que traistet es hommes et quil pres-
sient certeine partie dou dict bois por lor dit usaige : quar ce
est profiz es diz hommes que ha monseigneur : quar lon autant
que il perdrient en la negatoire. Et ausinc fut acordey.

D'obligacion daretaige de noble.

15. — [p. 92] Bernarz sires de Champrenaut estoit obligiez
am lettres de persones sur le seel de la cort monseigneur es
ques il havoit obligiez touz ses biens. Appres ce, il vandit Champrenaut a monseigneur Jehan de Arcy. Plusouz qui avient
lectres sealees dou dit seaul requeroient a monseigneur que il
fiest mestre les dictes lettres a execucion sur le dit achetcour
qui tenoit Champrenaut. Quar li diz Bernarz li havoit obligiez
touz ses biens es dictes lectres an tel maniere : Champrenauz
estoit obligiez an quelconque mein quil fuet venuz. Le dit
Jehan disant au contraire, et disoit que li diz Bernarz ne pohoit obligier Champrenaut senz le consantemant dou seigneur
dou fie; et li diz iehanz lavoit achete dou consantement dou
seigneur dou fye, et li autre ni avoient droit por lobligacion
faite senz le consantemant dou seigneur dou fye, moime comme
ce fut obligacion generaux ; par la quele chouses de fie ne
sunt pas obligies senz le consantemant dou seigneur dou fye ;
nene devoit movoir ce que lon pehut dire que quant li diz
Bernarz tenoit Champrenaut que a la requeste des diz creditourz lon pouhoit vandre Champrenant et controindre le
seigneur dou fie dou louer ou dou retenir : por quoi il san-
bleroit que ou cas ou quel li diz Bernarz lauroit vandu que auxinc pehut lon exploitier sur lachateour : quar li acheteres qui
li a cause dou dit Bernart ne hay pas plus grant frainchise en
la chouse que li dit Bernarz. A ce respondit li diz acheterres
que la dicte raisonz ne concluhoit pas por ceste cause : quar ou
temps que B. tenoit Champrenant quil esploitest et miest a
execucion suer Champrenaut, cen nestoit pas [p. 93] par vertu

de obligacion reele : quar il nan hi avient point comme li sire
dou fie ne li fuet assantiz, mas estoit par vertu de laction per-
soneil par laquelle li diz B. estoit tenuz, et par la quele lon
metoit a execucion la dicte action es bien, dou dit B. combien
quil ne fusient obligies. Par laquele chouse se cilz biens qui
ne sunt de riens obligies sunt translatez en autre persone dou
consantemant dou seigneur dou fye, lon ne puet metre a execucion sur lautre persone es biens qui obligie ne sunt : quar li
actionz personelz nansuit pas certeine chouse. Les parties
auxinc oies lon commanda dabundant que lon sanformet que
se li deniers de la dicte vandue estoient tourne des doz des
lestres saelees dou dit seaul; et sil estoit trovey que il fussint
torney li acheteres demoreroit am paiz. Et il fut appres trovey
par informacion que li deniers estient tornei, par quoy li diz
missire Jehanz doit demorer am paiz. M CCC II.

De plusours partaiges entre freres.

16(1). — Lon dit communement en Bourgoigne que la costume de Borgoigne si est teile que li freres meinez puet panre
son partaige combien quil soit dou fie dautru a son aigney frere.

Et ceste generaux paroule puet mettre meintes genz en
errour : quar aucuns cas puet avenir qui an cele costume a léu
et en aucun ou ele na pas leu; et por ce fut mis desouz li cas
ou li costume a leu tout clarement, et es quels la costume ha
le contraire et es quels lon sen doute. Et tex est li cas :

Cest li examples.

17 (2). — Il havient aucune foiz que aucuns tient chouse en fie
daucun seigneur : mectons en exemple de monseigneur le duc,
et toutes ces chouses il tient de fie, puiz appres il muert [p. 94]
et hay plusourz anfanz liquel devisent entre aux les devant
dictes chouses et an tele maniere, li aignez an tient partie et
li autres autre partie. Et an ce cas la costume ai leu quar li
maignez puet panre ces chouses de laigney, et li aignez le demoine de ces chouses quil tenoit devant et le fye de son frere
doit repanre dou chevalier seigneur et an doit estre ses hoos.
Et ou cas dessus dit aucuns dient que li aignez doit tenir la

(1) Giraud, § 177.
(2) Giraud, § 178.

moitie dou demoine et li autre dient le contraire que il solist
quelconque partie petite que il anteigne (1) dou maignez. Et en
ce cas li maignez ne puet pas panre de laignez ne na pas leu
la costume desus dite; en cest cas einz doit repanre dou
chevalier seigneur. Et ha bien raison et diversetey entre le
principaul et le segont : Quar ou premier tans li fiez nest pas
mis en riere fye masla partie tant soulement, la quel chouse
la costume soffre et en outroie; mas selonc ce cas toute la
chouse saroit mise en rere fye ou domaige et contre la voluntey
dou chevalier seigneur qui saroit multe contre raison.

De cas de fie et certeines.

18 (2). — *Item* il avient que aucuns tient pluseurs certaines
et plusieurs fyez : cest asavoir certaine chouse a I fye et certaine chouse a I autre; et puet lon par exemple metre le fil
qui tient laretaige de son pere a I fye et celi de sa mere a I autre :
soient chastelerie, maisonz, forz ou pleines terres, li quex muert
et ha plusours anfans. Et en cest cas se les [p. 95] chouses de
lun des fiez vicynent a lun des enfans et les chouses dautre fye
viennent a lautre, li maignez ne puet repanre de laignez par
la cause desus dicte : quar tout recharroit en rierefye.

De partaige de fil maigne.

19 (3). — *Item,* an touz les cas ou li maignez puet panre son
partaige de laignez en cest meisme cas la fille aignee puet panre
son partaige dou fil maignez : quar an ce cas la fille est touz
iourz iugee meignee au regart dou fil qui touz iorz a laignaete
devant la fille. Et de ce fut bien mis sire enfermet par les tesmoins que Richarz Anthigney trahit contre monseigneur sur
ce que messire disoit que la suer dou dit R. qui estoit aignee
havoit reprins dou dit. R. Por les chouses desus dictes il
apert quil est affaire ou cas dou dit R. et de sa suer aignee.
Quar se di partaiges de sa suer quele ai requis de R. estoit
uns souz fiez desseurez des chouses desus dictes que R. tant
ele ne puet faire. Et se cen estoit partie dou fye que R tient
de monseigneur, faire le puet.

(1) Giraud, § 179.
(2) Giraud, § 180.
(3) Giraud, § 181 et 182.

Deschoite de fye de souverein.

20 (1). — *Item* il avient aucunc foiz que aucuns tient plusours chouses au fie de monseigneur et autres choses dautre
fye et puis appres muert et hay par avanture II anfanz. Ci dui
anfant antrent an loumaige dou seigneur de cui les unes des
chouses muevent de son fye par indevis, chascuns por son
droit. Et an tele maniere li sires ha II hommes et II fyez de
cele chouses puis après [p. 96] li uns des freres prant son partaige es autres biens qui ne muevent pas de cest fye et quite
por ceste chouse a son frere les chouses dou dit fye. Li sire
ne puet pas dire que li droiz a celi qui ai quite a son frere li
dit commis mas ciz a cui les chouses dou dit fie demourent
doit faire II fyez au seigneur ou cas des filles a la dame de
lour baillier. Et senblaubles cas est avenuz nouvelement en la
personne de Guilleme Despoisse et de damisele Juhanne sa
suer, et generalement en autre cas. Qui oncques mest en aucune meins ce quil tient en fie dautrui sanz le consentement de
celui a qui il apartien il pert le fye ; et est commis au seigneur
dou fye ce qui est mis en autrui mein sanz le consentement
dou seigneur.

De reprise de fyez de frere a autre.

21 (2). — *Item* ou cas ou li maignez freres puet repanre de
leigney, li meigney puet repanre se il vuet dou chevalier seigneur. Quar necessitez ne li est pas mise quil ne puisse repanre dou chevalier seigneur.

De moichote trovee, la costume.

22 (3). — Moichote trovee apartient selont la costume de
Bourgogne a celui qui ha la aute iustice dou leu ou la moichote est trouvee ; et non pas a celi qui ha la petite iustice.

Daiorner sus dessaizine.

23 (4). — Se aucuns fait aiorner aucun, et puis apres li face

(1) Giraud, § 183.
(2) Giraud, § 184.
(3) Vacheret, 42 ; Giraud, 196.
(4) Giraud, 307.

demande suer dessaisine novele ou suer novel trouble, se la
persone aiornee demande iour despansement il nan aura point.
Et est asavoir que lon apele novele dessaisine, novel spoliation
ou nouvel [p. 97] trouble [trouble] qui est faiz dedanz lan, et
por ce il est raisons que si li persone aiornee a cui lon fait la
demande, demande lesclarcissemant dou temps, lon li doit faire.
Quar par le dit eclarcissement, il aperra se cilz aura iour despansement ou non. Et en tele maniere fuit il prononcie en la
persone de la dame de Grancey et de Guilleme Despoisse.

Damande de coper bois.

24 (1). — Lamande dun chaigne coper est de vii solz segont
la costume de Bourgoigne lai ou li chaignes est moiens et ne
porte point de glan. Quar se ce estoit chaignes de aute fourest,
lamande serait de lxv solz. Et en ceste maniere fuit il pronunciez et esclarciz par le consoil em la sentance que li baillis
de Diion havoit donee por cels de Cyteaux contre les habitans
de Orsanz por raison du bois de Charbonay.

De seignour qui fait nouvel statutz.

25 (2). — Se aucuns ha aucune ville ou il hait iustice et seignour, et apres face statutz et convenances es hommes de
la dicte ville que se il se meffont ou cas ou il se mefferont il
paieront moindres amandes quil ne soloient et moindres que
la generaux costume de Bourgoigne ne done, tels statutz et
convenances ne vaillent. La cause si est teile : quar il done occasion de maul faire par la petite amende.

De retraire an vile.

26. —.*Item*, li' homme des viles voisines ou preiudice ou
domaige de lor seigneur se trairont en la dicte vile.

Item, ce seroit contre la generaul costume de Borgoigne. Et
en ceste maniere fuit il prononciez de cels Citeauls et de cel
de Gilley.

(1) Giraud, § 72.
(2) Giraud, § 49.

Daiorner et de veoir publicacion de tesmoins.

27 (1). — [p. 98] Se aucun est aiornez por veoir publicacion
de tesmoinz et dauler avant por tant comme raisons sera et
face deffaut, par ce ne pert il mie quil ne puisse dire contre les
tesmoins et lourz diz se il pouhoit dire devant. Et ancor est
ceu a antandre ou cas que publicacions seroit faite et lon
saroit aiornez por auler avant par tant comme raisons saroit :
quar se il fait deffaut se porra il dire une autre jornee contre
les tesmoinz et lourz diz. Mas ou cas quil saroit aiornez ou
jornee li saroit assignee nonmeemant a dire contre les tesmoinz et il ne venet, il ne porroit dire danqui en avant se il
ne descorpoit le deffaut de la jornee. Et en tele maniere fut
pronuncie en la persone dou seigneur de St-Burri et de
Monseigneur G. de Macellois.

De suigre son apel.

28. — Mes sires G. de Macellois avoit apele dune santance
donee dou Seigneur de S. Burry li sire de seint burri disoit que
li diz missire G. avoit perdu son apel por ce quil navoit porsuigu en leu et en temps ; li diz G. disoit que bien avoit porsuigu
en leu et au tans. Et sur ce hai trahiz tesmoinz contre lesques
li sire de Seint Burri voloit dire et proposer aucunes chouses
et requeroit iour de dire contre les tesmoinz; lautre partie con-
tredisant de dire contre les diz tesmoinz.

Des II freres qui appelerent de santances.

29. — Mes sires Erarz Darcees et messire G. ses freres avient
apele dune santance que li bailliz de la montaigne havoit
[p. 99] donee contre aux por Monseigneur H. dou bois por
raison de sa famme ; et furent bailies eniugement les actes
faites par devant li dit baillif. Sur lesquelles actes les parties
se mierent en droit. Puiz appres li dit frere ne poursuiguerent
pas lour apel. Por quoi disoit li diz H. quil estient chauz de
lour apel. El fut dit a droit quil ne perdient mie lour apel
quar lon pouhoit bien dire droit en labsence daulx puiz que

---

(1) Giraud, § 306.

la chouse estoit apointié a hoir droit et que ciz deffauz ne lour
nuisoit riens.

Item par ce que lour ne trova pas les actes dou proces rieres la cort il propposserent lourz faiz en diverces manieres
lequel une jornee lour fut assignee por lou prover par davant
le doien de Beaune et maestre Pierre de Pommart.

De vandue daretaige antre freres.

30 (1). — Il estient III freres, li premiez vandit son heritaige au
segont, li tierz vuet avoir le Rachat par moitie en presantant
la moitie de largent de la vandue. Et ce fait dedanz lan et le
iour de la chouse vandue convenaublemant, il aura le Rachat
segont la costume de Borgoigne. Et ce est generalmant en
touz cas ou persones conperent et presentent qui sunt en teil
point et en teil grey au vandeour comme estoit li achaterres.

De ranter famme de religion a sa vie de sa terre.

31 (2). — Se aucuns met sa fille en religion et li promette
rante a vie et puis apres muert. Sa famme qui prant la moitie
an ses biens por cause de dou [p. 100] aire paiera la moitie de
la rante, ja soit ce quele revocoit les muebles et es debtz.
Et auxi est a antandre ou cas dou frere qui promet a sa suer,
et generalement en touz cas ou li mariz est tenuz certeine
rante a paier a vie; ele apres la mort de li panra la moitie de
la charge combien quele quitoit muebles et debt. Et an tele
meniere li douaires est frans de debs paier dehus une foiz et
non pas de debst dehuz a vie domme.

Et em tele meniere fut il pronuncie en la persone de la
dame de Rosillon.

Daiornement sus cause de spoliacion.

32 (3). — Se aucuns fait aiorner aucune persone par devant
son iuge et formoit sa demande contre luy sus cause de spoliacion, se il fait aiorner dedanz lan, ciz qui est aiornez sera

(1) Cfr. Giraud, 77.
(2) Giraud, § 24.
(3) Vacheret, 24 ; Giraud, § 308.

tenus de respondre et naura point de iour despansemant por
ce que li faiz nest sorannez. Et ce est a antandre generalement
lai ou aucuns se cleime despoilliez soit deritaige ou de meubles ou de chatex. Et an tel meniere en cest cas ou li aiornemanz est faiz de danz lannee, il na point de difference entre heritaige, muebles et chatex. Mas ou cas que li annee seroit passee
il hauroit grant difference entre heritaige dune part et moubles
et chatex dautre. Quar ou cas declaret li aiornez ne seroit pas
tenuz de respondre sur la possessoire; ains ai sera li aiornez
dou tout exclux sauf a lui le droit de la proprictey. Mas ou cas
de moubles et de chatex li diz aiornez sera tenuz de respondre
tot [p. 101] actes, il aura ses suites et ses loignes secont la costume. Et ces chouses sansuignent segont la costume de Borgoigne combien quil an hi ait aucunes qui soient contre droit.

De douaire et de la possession havoir.

33. — Constanz estoit entre Monseigneur Erart Darceies et
Monseigneur G. son frere dune part, et Monseigneur H., dou
bois pour cause de sa famme qui fut famme Milot Darcees
mort frere des diz Erart et G. dautre, sur le douaire et la possession dudouaire, que li diz H. demandoit aucuns biens qui
estient au dit Milot autans quil ala de vie a mort. Et proposa
li diz H. la saisine et la possession dou dit douaire. Ancor
proposoit quil estoit prez de prover les dictes choses par mein-
tenant, lautre partie proposa que segont la costume il estien
saisi et devoient demorer saisi des dictes chouses comme hoir
dou dit Milot, sauf a la famme tout le droit que ele pohoit avoir
es dictes chouses, et devoit havoir par raison de son douaire.
Et comme une chacune des persones des dictes requerissient
quil hostet sa mein des dictes chouses quil tenoit por le debat
desus dit, sur ce il se mierent en droit par devant le dit bailli.
Li ques bailli pronunça a droit que li meins monseigneur de-
morra es dictes chouses et ancor pronunca que li diz H. seroit
recehu a la prove; de laquele santance li dit frere apelerent
a monseigneur. Il est pronuncie les santances dou bailli estre
bones et lapel mauvaiz, toutesvoie en la clause ou il contenuz
que li diz P. seroit recehuz; et est et sera an tel maniere a antandre que il sera recehuz a la prove de la possession quil propose, la quele [p. 102] terminee il sera recehuz a la proeve de

la convenance et de lessise dou douaire selont ce que raisonz
sera.

Commant lon doit user au bois.

34(1). — Se aucuns outrie a aucune persone ou a pluseurs
ousage en son bois, exceptez nommeement III arbres ou IIII por-
tanz fruit : cest asavoir chaigne, fou, coudre, aubespin ; ciz a
cui li usaige est outroiez porra user an tous autres abres combien quil portient fruit, exceptez tant seulement les diz IIII ab-
bres. Acordez fut et non pas pronuncie en la persone de cels
de la Pariere.

De doner rante a vie domme.

35 (2). — Se aucuns combien quil soit au lit de la mort done
a aucun rante a sa vie ou a perpetuitcy et assee la rante sur
son heritaige, la famme quil prant la mitie de haretage par
raison de son douaire paiera la moitie de la charge, se elle na
douaire devis : quar se ele avoit douaire devis li mariz ne por-
roi metre charge sus ou preiudice de la famme. Et en tele
maniere fuit il pronunciez par monseigneur Hamee de Cuti-
gney contre la femme R. de Rachonay qui fut famme au dit
Amec qui lui avoit done rante sus son heritaige.

De la vahue dun abre au baillif.

36 (3). — De la dame de Rosillon et de monseigneur Pierre
de Montantcaume, de la vahue de labre et se li baillis aura
recours de ce de quoi lon apelcy de lun. Li bailli pronunca maul :
quar de la vahue de labre sera faiz li recourz dou bailli, ne ne
sera pas ouiz [p. 103] puis que lon ha apeley de li.

Dou gouvernement de Brancion.

37. — Brancions se gouverne por costume, et li costume est
telle que ciz a qui se claime desconsoilliez ne fera point de sai-
rement.

De douaire sur la moitie des biens.

38 (4). — La dame de Rosillon qui avoit son douaire de la

(1) Vacheret, § 6 ; Giraud, § 48.
(2) Vacheret, § 7 ; Giraud, § 23.
(3) Vacheret, § 8.
(4) Vacheret, § 9 ; Cfr. Giraud, § 2.

moitie des biens ausseigneur de Rosillon mort ; et voloit avoir
sa moitie a une part ; et por ce fit des diz biens II parties an
requerant es hoirs quil preissent lune des parties et li lauselient
lautre por son douaire, ou il feussent des diz biens II parties et
elle panroit lune. Li hoir disoient quil ni estient tenu de panre
la partie faite ne dou faire por ce que li dame estoit seulemant
ususfructuaire en la moitie, et li moitiez devoit venir an communs entre les hoirz. Il est pronunciez que li hoir panront la
partie, ou la feront et ele panra. Et sil ne volient ce faire dedanz
certein terme, ele panra laquele partie que ele voudra por ley.

De saisine de biens eschoiz.

39 (1). — Odoz de Rossillon disoit quil souz et non ses suers
devoit avroir comme masles la saizine des biens au seigneur
de Rosillon son oncle mort par la costume ; et disoit que an tel
cas li masles devoit avoir la saizine. Il est pronuncie que
les dictes suers ou lour hoirs viendront, ansamble le dit Odot,
a la saisine desdiz biens, por ce quil na proposey ne provey
queles fussient mariees de pere et de mere.

De vandue de terre.

40. — Messire Phelippes de Chailley vandit la terre sa
[p. 104] famme et li assera les deniers, et li bailla de son haretage en recompensacion. Li dux le conforma, et en rechut sa
famme. Li hoir dou dit Phelippes destorbent la famme en cele
assignacion. Il fut pronunciez quele demorera saisie, quar li
diz Chevalier tenoit ou non de li et especialement que li dux
lavoit louhe desouz le sael de sa chambre.

Dassignacions doumes taillaubles.

41 (2). — Messire Doigney devoit assetter terre a monseigneur G. de Sautrone et li voloit bailler hommes taillanbles, et
voloit que li tenemanz des diz hommes fuessint estimey et
li taille. Messire ha pronuncie an tel maniere que li assignacion
sera faite combien quil soient taillauble et de mein morte ; que

(1) Cfr. 95. — Vacheret, § 10. Cfr. Giraud, 13.
(2) Cfr. Giraud, § 161.

lon regardera combien il hont paie par VII anz passez, et sera
ceste somme mise ensemble et partie en VII parties; et sera
ensi por la VII⁰ partie de la somme de la taille, et ne chiet la
mein morte, ne la taille, ne justice.

Davoir vahue sus articles.

42 (1). — Li sires de Verdun sestoit obligiez de respondre
troinchiement a articles contre monseigneur R Dauxois et an
demandoit la vahue. Il fut pronuncie quil non avoit point.

Doume de mein morte sanz hoir.

43 (2). — De la costume de loume muerant senz
hoir de son cors an mein morte. La costume est que Missire
hait les biens de teil son homme de mein morte qui sunt en
autre iustice et muevent dautrui, ou dautru costume, ou dautru
terre, sauf tant que dedanz I an il hostera touz les biens de sa
mein.

De prover paiemant par lettres.

44. — [p. 105] G. vant son prey B et lan bailie lectres.
B li promest paier le pris et faire les lectres. Cilz vuet prover
sa paie par les lectres, la prove nest pas sofisanz.

De marcheande commune.

45 (3). — Se une famme est marcheande commune, ses
mariz ne puet despecier le marchie quele aura fait ne retarder
le paiement; ainz sera controinz au tenir.

De recevoir ploige.

46 (4). — Il est acordez dou consol monseigneur que lon
receoit ploige daucun suspectenoux de crime de cors, laquele
ploige se oblige cors por cors ; et li suspectenous ne vaigne,
les ploige sunt en teil poine comme il, non pas quant a poine
de cors mas quant es biens. Et sera aiornez soulemant, et se
il ne vient, lon exploitera sus lui des biens.

(1) Vacheret, 22 ; Giraud, § 300.
(2) Cfr. 99. 100 ; Giraud, § 42.
(3) Giraud, § 64.
(4) Giraud, § 61.

Dapeler de murtre ou de larecin.

47 (1). — B. appele un autre de murtre, seil ne dit de quoy gaiges de bataille ne si afiert pas.

De manieres davoir apeals de la cort.

48. — Il est ordenez que qui apelera que il pranne son aiournemant dedanz x jours appres le dit appel. Et se, des le iour que li aiornemanz sera donez, nai xv jourz iusques es premierz jourz des apels, les parties seront esiornees es seconz jourz.

De venir a eschoite.

49 (2). — Costume est teile en Bourgoigne : muert I hons sanz hoir de son cors ou senz descendens et hait collaterels, des ques aucuns li apartienent de par pere et aucuns li apartienent de par mere tant soulemant; [se] (3) de la persone morte havoit heritaiges qui lui fussient venuz de par son pere, cilz aretaiges a [p. 106] vindra et escherra au lignaige de pere tant soulemant, et li lignaiges de par la mere ni prandra riens. Et en ceste maniere, se ele avoit haretage de par mere ou dencoste, li diz haretage avindroit et escherroit au lignaige de par la mere, et li lignaiges de par pere ni panra riens. Et ceste costume est a antandre : cest asavoir combien que li lignaiges de par pere ou de par mere soient en divers grez ou an lointein ou an proichein : quar se la persone morte avoit I frere de par pere tant soulemant et I cusin de par mere tant soulemant, li haretage que li persone morte havoit de par sa mere avindra au cusin de par mere combien quil soit en plus lointein degrey, tout auxi bien comme li haretage de par pere avindroit au dit frere combien quil soit em plus prochein grey.

Ou est (ce) porroit que la persone morte havoit conquis haretages ou meubles. Or porras tu demander auqueil li dit haretage ou moubles avindront, ou au lignaige de pere ou a celi de mere ? A ce respont : se li lignaiges dou pere et li

---

(1) Giraud, § 54.
(2) Vacheret, 12 ; Giraud, 20.
(3) Vacheret.

lignaige de la mere sunt en ugaulz grez ou au diuers, toutes voie descendenz de celz qui estient en cel meisme grey, li aquest et li mueble desus dit avindront uguelmant par moitie es II lignes ; mas se il estoient en divers greiz, les plus proucheins lignages soit de pere ou de mere amporteroit tout laquest et les meubles desus diz. Et en tele [p. 107] maniere mes freres tant soulemant anportera touz les diz acquez et meubles ancontre mon cusin germein de par mere tant soulemant, et par raison dou plus prouchein grey. Et toutesvoies mes freres de par pere tant soulemant nan portera autremant les diz meubles et aquez contre le fiz de mon frere de par mere, ainz vindront uguelmant combien que li freres de par pere soit plus proucheins que li nief de par la mere. La raison si est teile por ce que li nies si est desanduz de celi qui estoit en I moisme grey avec mon frere. Quar generaulment lon dit que an touz cas segont la costume de Bourgoigne li dessandans si represante la persone de son pere en toutes eschoites ou de son aueu. Quar en la maniere que ses peres ou ses auyoux venet a la suscection daucun ou touz soubz, ou avec autrui, en cele meisme meniere ou au cele meisme forme li descendenz vindra. Et ce est ce que lon dit vulgaument en Borgoigne que ce qui escheroit au pere escherra au fil.

De partaiges par plusours lignies.

50 (1). — *Item,* la costume desus dicte est tels et doit estre antandue ou cas ou li persone morte avoit lignie de par pere tant solemant et lignie de par mere tant soulemant. Quar se ele havoit lignie qui li appartenest de pere et de mere assanbleemant et autre qui li apartenet de par pere tant soulemant ou de par mere tant seulemant, et saroit dou tout exclux. Et au mest example metons qui iai I frere de pere ou de par mere ansamble et I autre [p. 108] de par pere tant soulemant, et I autre de pere et de mere, en cest case se i muir, tant seulemant toute ma suscession soit de pere soit de mere vindra a mon frere germein, et mes freres de par pere ou de par mere sera exclux et ni aura riens ja soit ce qui li haretage soient venu de par mon pere commun ; et ne auxi mes freres de par mere, ia

(1) Vacheret, 13 ; Giraud, 20.

soit ce que li haretage soint tenu de par ma mere commun. Et
est li raisons, por ce que mes freres germeius me tient a double
lignie. Et an teile maniere ie lantan es grez lointeins : quar se
ie avoie I cusin fil dou frere mon pere li quel nestoit pas freres
germeins, mas tant soulemant de par pere ou de par mere, mes
cusins germeins fiz dou frere germein mon pere vindra a toute
meschoite soit de pere soit de mere ; et li autre an seront don
tout exclux. La raison est por la double lignie, si comme desus
est dit.

De deniers bailles por heritaige.

51 (1). — *Item*, quant ou cas desus dit nous tenons por hare-
taiges deniers dehuz par cause de mariaige qui paie ne sunt.
Et par ce se aucune persone muert a laquele lon devoit deniers
dehuz por cause de mariaige et sa mere muire sanz descen-
danz, li deniers sunt auxi comme aretaiges et avindront tant
soulemant au lignage de par mere. Et auxinc fut pronuncie
a Beaune an la persone Garniot de Monbar auquel lon devoit
les deniers dou mariaige sa mere, li quex doz avint au lignage
de par la mere tant solemant.

De mariaiges de filles a partie.

52 (2). — Se aucun hons, sa famme morte, ou aucune famme,
[p. 109] son mari mort, a pluseurs filles et aucune an marioit
et lor donit certeines chouses et aucunes an reteine rieres soy,
celes qui demouront de celi sous qui mariees aura les autres
porront requerir es filles aincois mariees qui raportint ceu
que eles en auront portey et partint avec eles. Et auxi les mariees
lou porront requerir a lourz suez que vaignient avec eles a partaige raportint ceu que eles en auront portey por ce, se eles
nont faites quitances. Et ce est ce que lon dit vulgaumant an
Borgoigne : colloignes partent.

De douaire de famme veve quant a partaige.

53 (3). — La famme sorvivant, laquele na hau douaire devis,
demoure douee segont la costume de Borgoigne de la moitie

---

(1) Vacheret, 14 ; Giraud, 21.
(2) Giraud, § 12.
(3) Vacheret, § 15 ; Giraud, § 4.

de touz les biens desquex ses mariz estoit saisiz et vestuz an
tans quil ala de vie a mort. Et cele moitie anporte ele a sa vie
sus les anfanz quele ha de son mari ou sus les aretaiges dou dit
mari. Et se il avient que li mariz hait aues plusouz fammes, et
de icelles ait anfanz, et de la dariene nan hait nuls, appres le
deceps de li, la dicte dariene famme anportera la mitie de
touz les biens de quoi il estoit saisiz au temps quil ala de vie
a mort. Et sil avient quil ait anfanz de la dariere famme, cil
anfanz de la dariere famme vanront ulgaumant a leschoite de
lour pere avec les anfanz des premieres fammes ; et sera partie
li eschoite dou pere entre touz les anfanz des dictes fammes par
brainches et non pas par testes [p. 110]. Quar an tant anpor-
tereyt li anfant de lune des fammes comme li anfant de lautre
jai soit ce quil hait plus danfanz de lune que de lautre. Et en
ce cas ou quel il li a anfanz de la dariere famme, la dariere
famme panra son douaire sus ses anfanz tant solemant : cest
asavoir la moitie de touz les biens que sui anfant part[i]ront
avec les autres anfanz des autres fammes. Et se li mariz fait
douaire devis de plus de la moitie, li douaires ne vaut, ainz
sera raportez et restituez en la maniere desus dite.

Commant aleux se doit repanre.

54 (1). — Accorde fut par le consoil que noble persone ne
puet repanre aleux de borios ou de non noble, soit an deniers
recivant, soit por cause de don. Et ancor est il acorde que
boriois o non nobles ne puesse repanre son aleux de boriois
ou de non noble, quar noblece de fie ne chiet pas en persone
de boriois ou de non noble.

Dapeler I homme au [teur] de murtre.

55 (2). — Lan mil CC IIII** et V, landemein des feux, Joce-
ranz de Yllerey dit a Gauthier bonami quil estoit murtrex.
Et G. li avoit dit quil estoit plus murtrex. Ioceranz geta son
gaige por lui deffandre. Il ni hont point de gaige, quar il ne
dit pas de quoy li murtres estoit.

(1) Vacheret, § 17; Giraud, § 189.
(2) Vacheret, § 18; Giraud, § 223.

Commant marchiez de famme est tenuz.

56 (1). — Li famme Perel de Mont cenis avoit achete le
pois de mont cenis por XL sols. Ses mariz contredisoit le
marchie, et ne voloit que lon priest nul de ses [p. 111] biens ne
des sa famme por raison des XL sols ; li marchiez se tanra et
sera tenuz, et seront controint ele et ses mariez par la prinse
de lor biens a paier la dicte somme por ce que la dicte famme
est marcheande commune.

De prove par lettres.

57 (2). — Li Rosses de Geigney havoit vandu a Hugues
Broissant I prey. Lettres furent faictes de la vandue. A lou-
troier les lettres, li diz Hugues promit a paier le pris au dit
vandeour. Il v[e]ut prover la paie par la lettre. il ne la provera
pas soffisaumant. Por quoi li chatelain de Brancion le con-
dampna a paier le dit pris. Il an apela au bailli, et dou bailli
au duc ; et li duc confirma la santance.

De fye de bois.

58. — Gorges de Vionges tenoit I bois. G. de Blaisey disoit
quil estoit de son fie, et por ce quil nestoit hanz en sa foi. Il
estoit essennez au dit bois, et an avoit porte, pris et copey le parz
dou dit Gorge qui estient dedanz les diz boiz. G. demandoit la
recreance par le baillif de Diion. Li dit bailliz li fit avoir en tel
maniere que iornée fut assenee au grey dou dit G. par devant
le dit baillif a respondre troinchiment au dit fie. A laquele
iornée li diz G. avoua le dit boiz estre dou fye au priour de Bar.
Si requeroit estre raiornez et ranvoiez a la court dou dit priour.
Et cen meesmez requeroit li diz priouz qui presenz estoit. Li
diz baillif pronunca que li courz demorroit, et nan ranvoieroit
point au dit priour. Li diz G. en appela au duc. Il est pronuncie par arest [p. 112] bien estre pronuncie et maul apeley, es-
peciaumant par la iornee agree dou dit baillis.

(1) Vacheret, 19 ; Giraud, § 224. Cfr. Giraud, § 64.
(2) Vacheret, § 20 ; Giraud, § 226.

De non avoir vaue sus articles.

59. — (1) Li sires de Verdun demandoit ior de vahue contre le signour de Marcilley sus plusours chouses contenanz an certeins articles esques il sestoit obligiez de respondre troinchiement premieremant. Et li est pronuncie quil naura pas ior de vahue.

Apeaux ne vaut dou duc devant ses auditourz.

60. — Acorde est, ia soit ce quil ne soit pronuncie par devant le duc, que apels faiz de ses auditourz a monseigneur ne vaut. Et par ce li appeaux que Erarz Darcees fit contre le chapitre Dostun des auditourz ne vaut. Por quoy bon seroit que se li chouse nestoit bien clere a tesminer que li auditours des apels ne pronuncessient pas, mas an ouassient iusque a la santance randre. Et lors missire fiest commission especiaul a aucune persone de pronuncier. Quar qui appeleroit de cele persone a monseigneur, lon ne le porroit faire; mas es generaulx auditourz len puet apeler.

Daiornemant sus spoliacion.

61 (2). — Se aucuns fait aiorner aucune persone par devant son iuge, et forme sa demande contre luy sus cause de spoliacion, seil le fait a aiorner dedanz lan, ciz qui sera aiornez sera tenuz de respondre et nen naura point de iour despansement, par ce que li faiz nest pas sorannez. Et ce est a antandre generalment lai ou aucuns se claime despoilliez soit daretaige, soit de meuble ou de chatex et en tel menere en cest cas li aiornemanz est faiz dedanz lan; il na point [p. 113] de differance deritaige de muebles et de chatex. Quar ou cas ou li anee seroit passee, et lannee passee lon fiet aiorner, auroit grant differance entre haretages, dune part, et meubles et chatex, dautre. Quar ou cas daretaige, li aiornez ne sera tenuz de respondre, mas sera exclus sauf a li le droit de la proprietey; mas ou cas de moubles et de chatex, li aiornez sera bien tenuz de respondre tout ades il aura ses suites et ses loignes segont la costume. Et ces chou-

(1) Vacheret, § 22; Giraud, § 300.
(2) Vacheret, § 24; Giraud, § 308.

ses sansuignent de la costume de Bourgoigne, combien que aucunes des choses desus dictes soient contre droit.

Le cheval qui tue homme.

62 (1). — Uns garcons chevauchoit I chevaul, et an menoit I autre en destre qui estoit monseigneur Ihean Darc. Le chevax quil menoit en destre tuai I enfant. Li chevaux qui tua lanfant est commis a la iustice dou leu. Ce fut acorde par le consoil, combien quil ne fust pas pronunciez, et ne fut riens ordone dou garcon. Landemein de St Martin diver, mil CCC et III.

De don de muebles et daquez.

63 (2). — Pronunciez est que li dons des meubles et des aquez que li famme Jehan de Nuiz tabellion fit a monseigneur vaut, non obstant les raisonz que maistres G. de Gilley proposoit contre le dit don; li quelz estoit oncles de la dicte famme.

De traire espee ou glaive sus autruy.

64 (3). — Se gentiz hons trait lespee ou le courtel suer autru, li amende est arbitraire. Autre chouse est de celi qui nest pas gentis hons : quar il pert le poin ou lxv livres. Mil CCC et IIII a la St martin diver [p. 114].

De diuers greiz.

65 (4). — Se aucuns ha lignaige en divers greiz, aucuns en pruchein et aucun en lointein, dou consentemant a celi qui est ou prouchain grey, il puet faire hoir de celi qui est ou lointein des chouses meuvanz de fye sanz le consentement dou seigneur dou fie sans faire forfaiture.

De avoir terre.

66. — Se aucuns ha terre en autrui iustice li sire de la iustice ne puet deffandre par raison de la iustice qui ne face molin a vant en la iustice.

(1) Vacheret, § 25 ; Giraud, § 59.
(2) Cfr. Giraud, 10.
(3) Vacheret, § 28 ; Giraud, § 60.
(4) Giraud, § 23.

De suscepcion.

67 (1). — Li peres ne puet rapeler a sa suscepcion la fille mariee de pere et de mere au cas quele an ha porte aucune chouse par son mariage sil hi a fil qui doige venir a suscesion.

Daretaiges taillaubles.

68 (2). — Se aucuns tient heritaiges taillaubles et exploitaubles au signour de cui il les tient, liquel heritaige sunt en la aute iustice dautre Signour, se li hons qui tient les dictes chouses se forfait, les dictes chouses demorront forfaites au dit seigneur de cui il les tient; nonmie au sire de la aute justice. Li meuble sunt au sire de la aulte iustice por la costume de borgoigne.

Des eschoite de bestart.

69 (3). — Messire li dux qui leschoite des bestars en sa terre doit paier lour sepulture.

De avoir censive.

70. — Se plusourz persones hont censes por indevis sur une meisme chouse, li uns plu li autre moins : cest a dire que li uns hait de [p. 115] cele cense II deniers et li autres I denier, li profiz des loux vanra, ou de la rieterre vanra, a un chascun des censiez porte le partie comme il ha en la cense : cest asavoir a celi qui prant les II deniers les doues parz, et a celi dun denier la terce partie.

De fruz lever.

71. — De la requeste au sire de Verdun quil fit contre David dou bois des fruz leveiz puiz lan commancemant dou plait : se il an fit mancion en sa demande il saront sauf puis que li plaiz fut entammez, autremant il ne seront pas sauf.

De apeau de santance de baillis.

72. — Messire Pierres de Saveroinges apela dou baillis de Dyion de ce que li bailli avoit pronuncie davoir faire enqueste

(1) Vacheret, § 31 ; Giraud, 14.
(2) Vacheret, § 32 ; Giraud, § 43.
(3) Vacheret, § 58, 33 Giraud, § 198.

sur la seguremant que li diz P. havoit brisie en cen quil avoit
batu Odot sergent de Saveroinges si comme disoit li diz sergenz.
Li apeaux dou dit P. fut pronunciez mauvaiz.

De lachat des rasins.

73 (1). — Li sires de Mailley por sa persone et por ses anfanz de sa famme par lesques il soubliga de chouse aiugie que
il ou non de sa famme, et dont [li] dit anfant et lourz devancierz
estoient an possession de xxx anz et pluz de lachat des rasins
de Pommart et de panre les rasins que lon vandoit a autre
qua eux par le temps que li banz duroit. Et disoit que Iaques
de Pommart li troubloit la dite saisine. Li diz iaques disoit que
il et sui devancierz estient saisi de xxx anz et de plus de
acheter rasins a Pommart le dit banc durant [p. 116]. Nie decai
et delai, il est pronuncie que li uns et li autres ha bien provee
santancion, et est aiugee la possession des xxx anz a lun et a
lautre.

De debtes dehues a plusours genz sus fye.

74 (2). — Messires Pierres Largeux devoit a plusours genz
devant ceu quil abust obligie sa terre au seigneur dou fye. Il
est pronuncie que li creditourz queront acheteor de la dicte
terre si autorisaubles comme li diz Pierres, et li sires dou fye
retanra ou louera la vandue. Toute voie il sera premierz paiez
de tout son debt, et dou soreplux sera faite distribucion es
creditourz.

Dune true sauvaige.

75 (3). — Dou chapitre Dostun qui demandoit une truhe
sauvaige que lon avoit trovee a Montigney. Il est pronuncie se
il provent que li aulte iustice soit lour dou dit leu, la truihe
lor sera randue.

Damendes de prevost le lxv sols.

76 (4). — Dou prevost de Beaune et des hommes Descheu-
rones. Li prevoz demandoit a un chascun lxv sols damande

(1) Vacheret, § 37 et 4; Giraud, § 215.
(2) Vacheret, § 5 et 38; Giraud, § 188.
(3) Vacheret, § 39; Giraud, § 192.
(4) Vacheret, § 40; Giraud, § 208.

de par ce que lou landeman de Noueil il havient brisie losleil
dun predoume de la vile. Et il se deffandient et disient quil le
facient par esbatemant et por lour baichelerie ; et volient panre
an ce dit hostei l vallet par ebatement ; que ausinc lavoient
acostume. Lon lor deffandit que ne lou fiessient plus et sunt tuit
condampney en lxv sols tant soulemant.

De moichote.

77 (1). — Guioz de Brion disoit que lou li randest une
moichote qui estoit trouvee en sa iustice vers Brion. Sil est
trouvez que li leux ou ele fut trovee soit [p. 117] des aparte·
nances de Brion lou li randra la moichote, sauf ce que il ne
puet drecier forches ou leu ou ele est trovee.

De lamande de lxv solz au chatel de Brancion.

78 (2). — Misires Alixandres de Blaisey avoit fait tuer un
buef qui avoit la corne brisie et avoit vandu ses commande-
manz la char a talant souz Brancion en la iustice monseigneur.
Li chasteleins de Brancion demandoit la langue et lxv sols
damende par ce que lon ne havoit baillie. Et condampnez missire Alixandres au lxv sols damande.

De lusaige dou bois de Braimur a ces de iully.

79 (3). — De lanqueste faite sur lusaige que demandoit li
prioux de Julley et li homme es bois de Braimuy, il nont provey
point de titre por quoi il doigent havoir le dit usaige es diz
bois : par quoi il nauront point de droit et sunt condampney
an ce quil ni usint plus. Mil CC et IIII^xx VI.

Ceit li sentance sus plait andormi.

80 (4). — Missires Pierres de Savoinges disoit que li santance donee contre lui par la dame de Brancion ne valoit, quar
il disoit quil navoit pas estey aiornez au iour que la sentance
fut donee et que li plaiz avoit dormi plus dun an. Li baillis tes-

(1) Vacheret, § 42 ; Giraud, § 196.
(2) Vacheret, § 41 ; Giraud, § 222.
(3) Vacheret, § 43 ; Giraud, § 47.
4) Vacheret, § 44 ; Giraud, § 228.

moine quil fut aiornez, il en est crehuz. Et tout ahut li plaiz
dormi plus dun an ne cesse pas cele santance : quar li plaiz
estoit a oir droit et ne dormoit, mas que pour le juge ; por quoi
li santance vaut lan desus dit.

De lestaublissemanz des sergenz.

81. — Il est ordene que lon establira sergenz especiauls
[p. 118] por lexecucion des lettres saelees dou seaul de la
court monseigneur le duc faire. Et se aucuns mostre lettres
sealées dou seal de la dicte court, lon gaigera maintenant
le detour quelconque cause quil mete avant, et ne fera lon
recreance iusques li debtours hait provee cause sofisant :
cest asavoir paie quitance ou fausetey de lettres. La quele provee, lon li randra ses gaiges et controindra lon celi qui met la
lectre avant a randre touz couz et touz doumaiges.

De obligacion faite.

82 (1). — De la famme Dauxone et de sire Estiene Baudot.
de ce que li mariz de la dicte famme, qui morz est, avoit obligie especiaulment au dit Estiene touz ses biens quil li devoit ;
si voloit avoir les diz biens et la famme voloit panre son douaire sus les diz biens. Lon doit savoir se la dicte obligacion fut
faite devant le mariaige, li diz Estienes aura les diz biens et les
tanra tant qu'il soit payez ; et se li obligacion fut faite le mariaige durant, la famme panra son douaire.

De recivre procureor.

83 (2). — De la dame de la Perriere et de Jehan de Torcey,
de ce que li baillis pronunca que li diz Jehanz seroit recehuz
comme procureres por ce que autrefoiz avoit estez recehuz en
ce plait contre la dicte dame. Il fut bien pronuncie et maul
apeley.

De la haute garde le duc.

84 (3). — Li gent G. de Verdun qui batirent les genz a ces
de Masieres qui est en la Rue de Soone desouz Gragy qui est

(1) Vacheret, § 46 ; Giraud, § 65.
(2) Vacheret, § 47 ; Giraud, § 231.
(3) Vacheret, § 48 ; Giraud, § 204.

an la garde monseigneur. G. en de [p. 119] manda la cort. Lon
ne lan randra point por ce que li meffaiz fut faiz en la garde
monseigneur. Landemein des feux, lan desusdit.

De apansement de fye.

85 (1). — De la dame Dautignex et dou baillis Dausoix. Li
baillis demande apancemant a la dame, de la dame dou fye de
quoi ele li demande. Il an aura appansemant por ce que il ne
si devancierz nan furent onques en la foi de la dicte dame.

De h[av]oir droit au pallemant.

86 (2). — De monseigneur Berthier de Vile conte et des enfanz
de Chaulon. Li transcriz que li anfant hont baillie et mis avant
ne sera pas creuz, mais li bailli lor donra une iornee por aporter
loriginaul sauf le droit dou chevalier ; et seront a hoir droit
a lautre parlemant.

De recreance.

87. — De la requeste a la dame de Gensiney de sa maison
qui fut abatue et de ses chatex pris por ces qui occierent
monseigneur Hue de Seinney qui furent recetey en la dicte
maison. Lon fera a la dame et a son fil la recreance se il se
vuelent metre en enqueste.

De requeste de douaire.

88 (3). — De la famme de Nuiz qui vuet estre douee des
biens de son mari : cest a savoir de la moitie ; li quex marit ont
II fammes et VII enfanz de chascune. Et celle qui demande la
moitie des diz biens na nulz enfanz de sen dit mari. Ele anportera la moitié de touz les biens de son dit mari.

Dou cors de founteine.

89 (4). — De lapel dou cultil de la foutanee. Li fossez sera
baissiez commant la fontaine hait son cours.

(1) Vacheret, § 49 ; Giraud, § 301.
(2) Cfr. Ord. de 1380, § 48 ; Giraud, § 142.
(3) Cfr. 53, 6, 88 ; Vacheret, § 52 ; Cfr. Giraud, §§ 5, 6 et 4.
(4) Vacheret, § 53.

De franchise sanz titre.

90 (1) [p. 120]. — Des hommes Doiscy vers Brancion qui vuelent estre franc par certeine redevance paient a monseigneur. Lon ne trove titre ne previlege de lor frainchise, por quoi il demorent taillanbles.

Dapeler dou baillis.

91 (2). — De lapel que Jehanz Deloiges a fait dou baillis de Moncenis contre Girard Surrar et ne la pas aiornez, li baillis ne les puet pas aiorner quar il nan avoit point de commandemant. Et lon avoit apele de lui le iour de luitainve de Seint Remi.

De ploigerie de famme.

92 (3). — De Guiot bergier et de la famme Estiene de Parrigny. La famme sera tenue de la ploigerie faite au vivant de son mari, par tel partaige comme elle panra an ses debz et en ses aquez.

De refuser procuraor.

93 (4). — De Hugues de Tonnerre et dou procureor monseigneur Alixandre de blaisey. Messire Alixandre ne sera pas crehuz a prover sa barre proposee apres la publication des tesmoinz traiz sur le principaul, mas que par lettres opor cognoisance de partie. Le macredi appres la St Remi.

Des eschoite de famme marchande.

94 (5). — Les fammes mariees de pere et de mere demandent eschoite de coste. Celes qui sunt mariees de pere et de mere ne vanront pas es eschoites de coste. Et celes qui ne sunt pas mariees de pere et de mere vindront a toutes eschoites.

Deschoite de niez.

95 (6). — Dou cure de Seint Ladre de Cluni contre monsei-

---

(1) Vacheret, § 54; Giraud, § 294.
(2) Vacheret, § 55.
(3) Vacheret, § 56; Giraud, § 8.
(4) Vacheret, § 57; Giraud, § 296.
(5) Cfr. Vacheret, § 10; cfr. Giraud, 13 et 18.
(6) Cfr. 39; Cfr. Vacheret, 10; Giraud, 13.

gneur Jhean de Masy, por ce que sa mere nestoit pas marie
de pere et de mere. Il vindra a leschoite de son oncle.

De debte.

96 (1). [p. 121]. — Dou debt monseigneur Iehan des barres
que cilz de Maiseres demandoient. Lon ne vandra pas la terre
des hoirz por ce quil sunt moindre daage et pour ceu que li
peres ne les an laisa pas saiziz.

Damandes de chateleins et de prevoz.

97 (2). — Des amandes que li chaistelins et li prevoz vuelent
lever de cels qui appelent daulx. Il nan lieveront point damende.
Mil CC quatre vinz et XVIII.

De santance de baillis.

98 (3). — De la santance que li baillis pronunca dou seigneur
de Marcilley. La santance sera escripte et seallee et la sealera
li bailli novels, por ce que li autres bailli morut quant il lot pronuncie avant que le fust saelee.

Domme de mein morte.

99 (4). — De lomme au doien Dostun de meinmorte qui
aquit haretaige a Beaune. Li viens aura larataige que ses hons
de mein morte avoit acquis et lostera de sa main dedanz I. an.
Mil CC IIII ^{xx} XIX.

Des hommes qui sunt le duc de mein morte.

100 (5). — La costume est tele que messire aura touz les
biens de son homme de mein morte muerant senz hoir de son
corps qui sunt en autru justice et muevent dautru fye, ou dautru costume, ou dautru tierce, sauf ce que li diz sire ostera les
diz biens de sa mein dedanz I an.

(1) Giraud, 213.
(2) Giraud, § 69.
(3) Giraud, §299.
(4) Cfr. 43, 100; Giraud, § 42.
(5) Cfr. 99 et 43; Giraud, § 42.

Daaigiez.

101 (1). — Dou partaige es anfanz de Mailley, il ni aura point daigneetey. por ce quil sunt de II fammes mas partiront. por moitie le tout la desus dit.

De despanz faiz.

102. — Des despanz fais en cause dapel. Se li apels est pronunciez bons, li apeleres ne puet demander [p. 122] nuls despens ; et se il est pronunciez malvaiz, il paiera les despanz a la partie contre cui il ha apeley. Mil CCC.

De vandaige de fie.

103. — Jehanz de Balna et I sienz freres devoient tenir en fie de monseigneur Helie de Sully. Li diz Iehanz reprit son partaige de son dit frere aigney, la quel chouse il puet faire segont la costume de Borgoigne ; puis apres cele chouse quil hout reprise de son frere, il vandit la dicte chouse a I estrange persone dou consantemant de son frere de cui il la tenoit an fie. Monseigneur H. disoit quil ne lou pouhoit faire, quar il disoit que combien que fiez puisse cheoir an riere fie en cause de partaige toutes voies li freres qui tenoit an riere fie ne le pouhoit metre en mein dautre persone quar ce estoit I privileiges si personex quil ne passoit pas en autre persone. Il fut pronuncie par arest que non obstant la raison dou dit Helie, li diz Iehanz de Balna lou pouhoit vandre a estrange persone.

De restitucionz de chatex.

104. — Jehanz de Grancey brisa la maison de Fouchanges qui estoit Jehan Daceaux en laquele il avoit pluseurs meubles, lesques meubles li diz Iehanz de Grance anporta et dissipay, en la quele maison missire li dux avoit mis son sergent a la requeste dou dit Ihean Daceaux por garder la dicte maison et biens. Si requeroit li diz Iehanz Daceaux que li randest ses domaiges, ou fiest randre au seigneur de Grancey qui or en qui, si est faiz forz dou dit Ihean de Grancey ; les quels domaiges il

____

(1) Giraud, § 39.

estimoit [p. 123] une grant quantitey dargent, si requeroit cele
quantite dargent, et quil fuet crehuz par son sairemant selonc
ce que raisonz la porte. Il fut dit et ordene que lon croiroit le
dit Ihean par son sairemant des diz doumaiges, toutes voies
tauxacion devant mise por monseigneur. Et appres ce, missire
san anforma des diz doumaiges par bons tesmoinz; et linforma-
cion faite, misire li dit que il iurest des doumaiges en teil manere toute voie quil ne iuret pas outre VIII cenz livres tor-
nois; li quex Iehanz Daceaux iura les VIII c livres, et eles li
furent adiugies par la court monseigneur. M. CCC. V.

Deschoite daubein.

105. — Dou bastart qui este mariez et havoit anfanz et estoit
hons et iustisaubles a la priouse de Seint Julien, liques ha este
panduz. Cui li eschoite sera ou a monseigneur ou a la priouse?
La forfaiture sera au seigneur de la iustice et non pas a monseigneur.

De succession de mein morte.

106 (1). — De Marie fille Florie qui estoit de mein morte, et
estoit marie ou leu ou mein morte nestoit pas, et est morte la
dicte Marie. Se ses filles vindront a la succession des biens
qui sunt au leu ou mein morte nest pas? Accorde fust par
le consoil quoil (2). Mil CCC VII.

De trover homme mort.

107. — De lomme que lon trova mort au chemin monseigneur, por quoy lon tenoit les hommes Guienot de Pommart :
li dit homme seront restaubli au dit G, por ce quel ne furent
pas pris an fait present.

Des amandes.

108 (3) [p. 124]. — Les amandes pecuniaires faites an chemin fuerz de vile; messire en aura la cognoissance et lexploit,
et des mauffaitourz qui aurient forfait por quoi ils fussient
condampney a mort, se il estient pris en autru justice, li sires
de la iustice aura la cognoissance de lexecucion et la fera.

(1) Giraud, § 45.
(2) Que oil.
(3) Giraud, § 57.

De demander usaige au bois.

109 (1). — Se aucuns demande en debat usaige en I bois,
combien quil aulegoit bonne teneure se il ne mostre titre ou sil
ne paie redevance il nan sera pas ouiz. Mil CCC III.

De bestes trovees an bois de revenue.

110 (2). — Chieuvre en revenue la langue; buef ou chevaux,
V sols senz garde, sil sunt en garde lxv sols.

De mesele.

111 (3). — La mesele vanra et vient a la succession de
pere et de mere.

De tondeure de bois.

112. — On vant la tondeure dun bois a lhomme, et puis
apres vant lon lou tresfonz a I autre homme : li proprietaires
aurai le bois et li autres garantirai. Mil CCC et VII.

De succession faite par testament.

113 (4). — Messires Jehanz de Gilly avoit I fil de son fil
mort liquel devoit venor antieremant a sa succession senz testament, et celi fil il lc fit hoir en son testamant en sa terre de
Gascoigne.

Item, il avoit I nevoul fiz de son frere mort li quex ne pouhoit venir a sa succession senz testament, por ce que li fiz de
son fil lon devancisoit. Li dit sires de Gilly fit hoir son dit nevoul en la terre de Borgoigne, li quele terre et dou fye le duc.
Le dit seigneur de Gilly mort, li fiz dou fil approvai le testam-
ment de son [p. 125] grant pere, et voulit et li plust que li diz
nief de son dit grant pere fuest ses hoirz en la terre de Borgoigne. Li diz niez santremit de la dicte terre comme hoirs. Missire disoit que la terre li estoit commise et forfaite : quar li diz
sires de Gilley qui tenoit de li la dicte terre ne por testament,
ne por autre meniere, ne pouhoit entre autre mein mesthre la

(1) Giraud, § 47.
(2) Giraud, § 71.
(3) Giraud, § 70.
(4) Giraud, § 23.

dicte terre senz assentemant; ne ne pouoit venir apres la
mort dou dit seigneur en autrui mein que en la mein de celui
qui devoit estre hoirz et avoir la dicte terre soufisammant
sanz faire nul testaumant; et par ce disoit Misires que la dicte
terre li estoit commise. Le dit nevoul disant encontre que en
ce cas navoit point de forfaiture. Et sur ce se mit en droit.
Pronuncie fuit de droit que en ce cas li diz nies dou dit monseigneur lehan pouhoit tenir la dicte terre sanz forfaiture. La
sustance dou dit arest si est telle : quar se aucuns ha lignage,
aucun en prouchen grey et aucun en lointein grey, dou consentemant de celi qui est en prochein grey, il puet faire hoir de ce-
luy qui est ou lointein grey des chouses meuvanz de fye sanz
forfaiture.

Cest commant lon ordene des offices de prevoz et de sergentz.

114. — Il iureront garder le droit monseigneur et lautrui; il
feront leaulmant lour office; les lectres seaullees dou seaul de la
court de monseigneur il metront sanz delai et sanz deport a
execucion et sanz panre riens jusques li execucion soit faite ;
quil naiorneront [p. 126] nul senz bone cause, et adonques
les gaigneourz de quinzaine en quinzaine et a iour de feste. Il
ne controindront riens, ne feront controindre en aucune meniere a paier ceu que il lour doivent, si nest de lor bone voluntey. Il naiugeront amande de plus de VII sols. Il ne vandront
baston ne namoiseneront marchie. Il tindront lour jourz en
lour persone ou por lor leu tenant, et nauront que I lieu tenant.
Quant il panront gaiges, pouturex, il ne les metront pas an leu
acostumey a pouturier, mas lai ou cis suer cui les poutures
cherront voudra ; mas que il teine bien prison ou lostaiges, et
se garderont de mespanre.

II. — Ce sunt plusears costumes de bour-
goigne et plusourz autres chouses qui sunt
gardees et faites et dites au pallement.

115. — Pater et mater alterius liberorum bene possunt facere
condicionem meliorem quando ambveniant; set [p. 133] altero

mortuo, sive sit pater sive sit mater, superstes etiam bonorum suorum non potest facere condicionem alterius liberorum meliorem de consuetudine.

Commant lon doit aiorner an cas dapeaul.

116 (1). — In pallamento in casu appelacionis, suficit citare judicem a quo appellatur et intimare sibi quod partem certificet.

Daiorner le iuge.

117. — Item, per arestum et statutum factum ex certa sciencia in pallamento, iudex a quo appellatur, si citatus fuerit cum intimacione consueta facienda parti, et pars appellans contra iudicem solum se presentet et non contra partem appellatam, nichilominus proccdetur in causa ac si presentatio appellantis esset facta contra partem.

Dou Rapor fait sur ce cas.

118. — Dominus Thoma de Malfonte proferente, presentibus domino Radulpho seculari decano bradeno et pluribus aliis.

De lettre de possession.

119 (2). — Item, si littera iusticie continens quod aliquid sit in possessione alicuius rei, et proponat quod aliquis eum perturbat et molestat indebite, et propter hoc mandetur baillivo si ita sit quod faciat impedientem desistere. Et si debatum oriatur, vel pars opponat debato ad manum regiam posito, et cetera : in hoc casus, si pars se non aponat, amplius non auditur in possessorio illo in suis perhentoriis vel aliis factis contrariis ; ymo conpellitur cessare ab inpedimento propter non oposicionem ; et remanebit conquerens in saisina sine aliquo impedimento.

De procureur de commune.

120 (3). — [p. 134] Item, li habitant dune vile qui nont commune ne puhent faire procureor por plaidier sanz la licence de

(1) Cf. Giraud, § 99.

(2) Cf. Giraud, § 89, qui contient l'art. 4 de l'ordonnance du roi Jean de 1354.

(3) Giraud, § 67.

lor seigneur. Et se il hont pluseurs seigneurs desquels li uns
hait la basse iustice et li autres la aulte, li dit habitant par la
costume doivent demander la dicte licence a lour seigneur qui
ha la haute iustice.

De action de plait pandant.

121. — Item, se li demanderes ou actours meurt le plait pandant, li hoirz de li sanz citation reprant les arremanz et va
avant en la cause ansinc que ses devanciers.

Example de ce plait.

122. — Item, se li reus muert le plait pandant, li reus doit
estre aiornez de lactour an facent sa diligence au plustost que
il paura selonc la commune assignacion a la premiere assise
se cen est davant le baillis ou au premier parlemant se cen est
en parlemant. Et auxinc devant autre iuge doit estre aiornez
li reus de lauctour pour repanre les arremanz et por auler
avant etc. Et se li diz actourz ne fait faire laiornemant li chiet
de linstance de la cause. Et se apres le dit tamps passe, citation se fait li Reus debattra quil soit dit linstance entre fenie.

Ces cas de lactour et doree.

123 (1). — Idem, regulermant quant an toute la cause li ac-
tors fait deffaux, voire se cen estoit le ior de diffinir, se se pert
linstance de la cause se li reus lou requiert.

Cest dou deffaut de lauctour.

124. — Item, quant actouz ou cas fait deffaut se doit la partie aiorner le deffaillant pour veoir le profit dou deffaut.

Cest de uns possident de jour de consoil

125. — [p. 135] Item, en uti possidentis sur le fait de nouvel, lon ne done point de iour de consoil. Et ce oposicions hi
chiet li debat chiet en la mein dou roi ou en autre comme soveraine. Et va lon avant apres au fait.

(1) Cfr. Giraud, § 103.

Comment iour de consoit doit [estre].

126. — Item, en uti possidentis sur fait qui nest propossez de nouveaul, jourz de consoil ichiet. Et se oposcition en chiest, la chouse ne cliet pas en main soveraine mas prant son cours.

De oposicion de [saisine].

127. — Item, quant li faiz et de nouveaul, ne mestre pas ce mot nouveaul en fait; mas en lempoichemant en disent en ampoichement, induement et de novel.

Destre aiornez sofisaument.

128. — Item, se ie qui couidois moins estre soffisaument aiornez pran jornee de iour de consoil sur prestation de dire contre laiornemant quand foiz en sera faite, et li clerz baloit memoriaul de respondre, tu pues dire que cilz memoriaulz soit rapelez et mis au neant; quar autre chouse est escripte que dite et que plaidie; et ce ie moffre dou prover sur piez, quar jornee fut acordee davoir iour de consoil et il est escripz iourz de respondre; por quoi, et cetera. Et di que vos me devez a cen recivro et droit vous an recquier premiers. Item, je accepte ce jour, et cetera.

De mostrer saisine par lectres.

129. — Item, se iai lettre que moi estant en saisine tex [p. 136] me trouble, si mandon que se il est ausinc que lon restaublisse, et le partie se opose, la chouse contanciouse mise en la mein le Roy ou le duc comme en mein souveraine, houez les parties et faites raison, et cetera. Et partie se soit oposee tu pues conclure que partie cessoit dou trouble et à ce soit condampnez et que en la saizine paisible demoroit. Et ce qui est en mein sovereine soit randuz a partie et amandez au roy, et que couz et domaiges li soint randuz.

De action personel.

130. — Im proprietate et actione mere personali vel obligacione suis litteris non cadit oposicio. Credunt quidem quod verbalis ad salvandum cadat.

De lapelant.

131. — Item, se li apelanz ne fait sa citacion, li iuges le cui il apele puet requerre que li meins sovereine soit levee et que il puisse esploitier lamende.

De partie apellee.

132. — Item, li partie apelee puet requerre quil soit mandez au iuge [qui mandoit] (1) sa santance a execucion.

De renouveler commission.

133. — Item, qui demande renouveler commision il doit monstrer diligence de la porsuite et quil ne soit pas en negligence.

De respondre contre averse partie.

134. — Item, quant lon respont a pluseurs raisons de laverse partie lon doit faire retenue de respondre se riens hi a laissie a quoy il ne soit respondu.

De retenir a dire.

135. — Item, ausxci doit il faire retenue quant il propose declinatoire de respondre au principaul.

De fait contraire.

136. — Item, ie ne chie pas an fait contraire. Et se ie le propose ie loffre dou prouver et nie le fait en tant commil fait a recivoir a la partie averse.

De diligence.

137. — [p. 137] Item, quant a diligence ou monstre par renoveler commission, lon doit a, muevemant, presant partie et nonmie absent, touz les esploiz mostre autremant nest pas hoiz.

De vandue de fyez.

138 (2). — Item, an Burgogne lon ne puet vandre simple-

(1) Pour « quil mettoit ».
(2) Giraud, § 33 et 34.

Cʜ.

mant les fyez, mas par seauley lon les vant bien. Et adonques li sires dou fye puet panre le dit marchie et baillier largent ou il laisse et balaie le dit marchie.

De fait propose sur saizine.

139 (1). — Item, se aucuns faiz est proposez sur saisine, et que lon empoiche le saisi a tort et senz cause, induement de novel, et il ne soit troveiz que li faiz soit de novel, lon pronuncera le fait non estre trovez ensinc comme il est proposez, et ansinc se fera absolucion de la cause de noveletei, sauve la cause [de propriété] et le principaul et de lautre empoichement nommie comme de nouvel.

De prover sus piez se nyz se fait.

140. — Item, regarde se ny se fait, li prueve se tu puez demorroit par devers toy ; et oste le fait contraire se tu pues en tele maniere que tes aversaires ne soit recehuz à la prueve.

De noier contre lactor qui est por le ree.

141 (2). — Item, si tu sis pro Reo, considera ad negacionem generis generalissimi ; portea subalterni ; post ea magis subalterni ; post ea magis subalterni ; post ea species ; post ea facti presentis ; et per ordinem intelloquendo super quolibet, dum tamen racionabiliter proponatur super quolibet ; et finaliter factum contrarium bene et directe excogitatum. Et post offerri potest factum propositum probari in toto vel in parte, et omnie aliud [p. 138] receptibile et contrarium quod pars aversa proposuit. Hoc observa in qualem responsione facti, sive sit lictis contestacio et ibi maxime, sive excepcio sive replicacio, et in similibus casibus seu responsionibus facti, et ante litem contestatam et post ; et considera in possessorio retinende, adipiscende, recuperande, et possessorio procedente ex constitucionibus.

De consideracion de fait requis.

142. — Item, considera in iudicio petitorio et proprietatis tua generalissima, media, subalterna, speciem et factum.

(1) Cfr. Giraud, § 308.
(2) Cfr. Stylus curiæ parl. 1, p. 140, de l'édit de Dumoulin.

Despecialtey de fait.

143 (1). — Item, si tu sis pro actore, considera specialius quod poteris secundum ius et consuetudinem patrie et causam specifica ; et fac alias in genere reus hoc occasionem fugiendi.

De avocacion de pallemant faite.

144. — Item, advocati pallamenti tenent in pallamento ; quod si pro aliquo feratur sententia super proprietatem, etiam super et contra possidentem ; et ille pro quo feratur sententia non petat arestum, su suam sententiam infra anum et diem demandari executi, sed post anum et diem veniat et petat arestum suum execucioni demandari contra possidentem, vel quod possidens conpellatur cessare ab impedimento quod facit in aresto, vel quod compleat dic tamen effectum et arestum ; possidens potest excipere quod ipse pacifice tenet et tenuit per annum et diem et ultra, et quod non debet per viam execucionis contra ipsum procedi, vel quod dictum impedimentum quod facit possidens admoueatur, vel quod dictum arestum habeat suum [p. 139] effectum. Ita cito set per viam libelli hoc procedit actor.

Deschoite de possession.

145. — Item, qui cadit a possessione infra annum super proprieta[te]m agat vel aliter perdit.

Dou dit labe de reius.

146. — Abbas sancti Remigii dicebat [Remensis dicebat] quod contra ordinaciones regias (2) homines sui recipiebantur ut burgenses per quendam nobilem : quare petebat dictus abbas hanc recepcionem admoveri et adnullari. Ex oposito fuit allegatum quod ipse miles erat in possessione tales recipiendi. Item replicatum fuit quod ad possessionem non debebat dictus miles admitti, quia autem ex illa possessione que fuit ante ordinaciones, et illa non debet admitti propter ordinaciones regis contrarias, aut ex illa post ordinacionem usus esse, et illa magis

(1) Cfr. Stylus, chap. 1.

(2) Il s'agit des ordonnances sur les bourgeoisies royales de 1287 et de 1303. Ord. du Louvre, I, pp. 314-316, 368-375.

abversus esse, quia possessio cum sit contra ius commune, id est
contra ordinaciones regias. Et super hoc petebatur ius, protes-
tacione facta seu retencione de respondendo, et contra pronun-
ciatum est hanc possessionem non esse admittandam, seu mili-
tem allegantem dictam possessionem non esse audiendum, salvo
tamen militi iure allegandi suum garandum, etc.

Possession de droit commun.

147. — Item, toutes les foiz de droiz communs par aucune
possession au contraire nest de recevoir, se cilz qui allegue la
dicte possession ne aulegue aucun titre contre le possident.

De fait de possidant.

148. — Item, se li creditours posside la chouse obligie,
[p. 140] et an hait les emolumanz ou les ysues soit de maison
ou de vigne, li debtourz puet demander que coupes chiete en-
traulx. Et se il ha tant leve, li rande la chose senon et il vuet
paier. Tels est doir.

De composicion antre parties.

149. — Item, lon puet demander que composicion faite entre
les parties soit gardee ou ce que lon en ha soit randu.

De racorder faiz contraires.

150. — Se faiz sunt bailliez contraires descordez, et appres
sunt racourdez commant commissaires sunt donez, et pandant
linqueste li procuror dou Roy ou li partie ampetroit aucune
commission es diz commissaires que lon anquiere sur aucuns
faiz de novel, lon puet requere se la dicte anqueste nest por
faite que ele se porface ou se ele est faite ou parfaite quil sot
commandez a cels qui la hont quele soit aportee, vehue et rece-
hue et jugee. Et ce que mandez est soit ostez et non recehuz, se
nest por ce que li article fussient desioinz et demambrez por
examiner et produre sur un chascun tesmoinz, liquel se il estient ansamble il ni avoit que X tesmoinz.

De defaut dapelant.

151 (1). — Item, quant li apelanz fait deffaut quil napert pas, la partie por an est donee santance puet requere deffaut, et le profit qui est que la santance tiene et li apeaux soit mis au neant.

De demande congie a son iuge.

152 (2). — Item, se cilz que est apellanz et presanz et cilz qui ha santance soit absanz, li apelanz puet demander congie. Et est (3) que il soit procuncie la santance estre [p. 191] anfreinte et lapel estre bon, et bien estre apelez.

De apel de baillif.

153. — Une famme fut aiornee par devant lou baillis de Mascon sur action personel. Elle dit quele nestoit couchanz ne levanz desouz le dit baillis ne ni havoit poin de domicile. Et por ce disoit quele nestoit pas de sa iuridicion et cen se offre de prover a la dicte fin ; et quele ne devoit respondre devant le dit baillis ; et droit en requeroit. Li diz baillis pronunca a droit que ele respondroit ; la famme an apella ; li diz baillis ala avant an la cause sans plait antammer et senz apeler partie articulere, et tesmoins amena et produt, conclua et dit difinitive, sanz apeler partie. La dame an apella de ce iugemant comme de nul, et se il estoit aucuns comme de faux et mauvaiz ; se conclut se ce confesse partie quant au premier apel. Je di que maul fust iugie et bien apeley ; se partie le nie, ie me offre dou prover tout ou partie ou ce qui man sofira. Quant au segon article, ie die quil doit estre rapelez comme atantaz (et se non por les raisonz) et se non por les raisons dessus dites que ie hay bien apeley comme de iugemant qui est nul et se il est aucuns comme de faux et de mauvaiz se partie le confesse, et sele le nye ie moffre dou prover en tout ou em partie ou ceu qui me soffira.

De mostrer arest devant lan.

154. — Item dicitur quod si aliquis habeat arestum contra

(1) Cfr. Giraud, § 103.
(2) Cfr. Giraud, § 96:
(3) Le profit.

se super saisinam, et infra annum non faciat [p. 142] super
proprictate libellum, quod amplius non auditur super dictam
proprietatem.

Collacion de iugement ordeney et distingue.

155. — Item, si iudex decernat collacionem esse faciendam,
et ordinat super hoc deputatos, et non inveniantur acta unius
partis bene concordia aliis actis, pars habens minora acta potest opponere se collacioni, et dicere quod non fiat collatio set
quoque de superfluis sunt recipiantur. Et dico oposicione facta
coram deputatis sucurrendum est et iudicem qui super predic-
tis audiat partes.

De contribucion de II parties.

156. — Quam doues parties alleguent saisines contraires de
contribucion; et li unes des parties hait droit commun por soi
contre lautre; et la partie qui ha droit commun dit que li partie
qui havoit commun contre soi en la pure saisine ne doit estre
oye se ele ne conforte la saizine par aucun titre ou privilege;
et par ceu soit deboutee la partie sur la saizine an disant quele
ne soit sur la pure saizine oye; et li partie qui a droit commun
por soy requere que li partie qui nest pas sur la saizine oye
contribuoit avec les autres dou commun ou an moinz face ceste
contribucion par mein souvereine, elle nest pas doir : par ce que
combien que la dicte partie qui ha droit commun por soi ex-
cluse en la saizine lautre partie, por ce ne sansuit il pas que en
alliguant saisine sanface iugemanz; mas se ele estoit deveant
an saisine lautre partie, sur la saizine se fera iugemanz et
cognoi [p. 143] sance. Et li autre partie alleguera le contraire
et provera saizine et titre devant ce que contribution se face,
ne ne fera ausinc au contribucion de saizine ne autremant an
mein souvereine.

De apeler present estre contumax.

157 (1). — Item, apellatus presens petit licencian apellatore
contumace, et quod mandetur iudici a quo apellavit quod sententiam demandet exequcioni.

(1) Giraud, § 103.

De demander deffaut.

158 (1). — Item, apellans presens petit defectum contra apellatam contumacem, et post modum citatur contumaux apellatus in alio pallamento sequenti ad videndum iudicare profectum seu commodum dicti deffectus, qui est quod apellatus perdat profectum seu commodum sentencie late pro ipso et quo pronuncietur bene esse apellatum.

De lapelant qui pert sa cause.

159. — Item, si apellans primo ex aliqua causa probavit siam intencionem ut credit. Et apellatus super suis defensionibus in aliquo audiatur, potest peti apellato quou prima inquesta et secunda recipiantur, convingantur, videantur et indicentur.

Danqueste faite de pallemant.

160. — Item, inqueste facte per pallamantum non publicantur partibus, set eis perfectis iudicantur absis eo quod videantur per partes vel a partibus verumptamen contradicere seu contradictiones se reprucheri testibus opponuntur quia debent, nominari et dies assignari ad discendum etc.

Et sic finitur III°.

(1) Giraud, § 96.

TABLE

DU

COUTUMIER BOURGUIGNON DE MONTPELLIER (1)

(1) Les chiffres marqués reproduisent ceux placés en tête de chaque paragraphe du Coutumier.

TABLE DES MATIÈRES

BAR-LE-DUC. — IMPRIMERIE CONTANT-LAGUERRE.